미국 비즈니스법의 핵심

Essentials of US Business Law

이 동 욱

세창출판사

머 리 말

많은 분들로부터 어떻게하면 미국법을 쉽게 이해할지, 일목요연하게 정리할지, 또 고득점을 얻을 수 있을지에 관한 질문을 받았다.

그도 그럴 것이 미국회계사(AICPA) 시험을 준비하는 많은 분들이 느끼는 공통점 중의 하나는 비즈니스법 과목이 얼핏 보기에는 한 과목처럼 보이지만 실제로는 12가지 이상의 법으로 이루어져 이해와 암기를 해야 할 부분이 너무 많고 부담스럽다는 점이다.

그런 부담을 덜기 위해서 이 책은 미국회계사(AICPA) 시험과목에서 큰 비중을 차지하는 미국 비즈니스법을 어떻게 하면 쉽고, 재미있고, 기억에 오래 남도록 하고, 또한 고득점을 얻을 수 있을지 수 차례의 고민을 통하여 만들어진 책이다.

이 책을 만들기까지는 많은 우여곡절이 있었다. 우선 미국변호사 시험을 준비하는 한국학생들을 상대로 필자가 시험해본 결과 <암기공식>이라고 부르는 'mneumonic'을 사용하여 공부를 한 그룹과 그렇지 않고 무작정 암기를 하려고 한 그룹들을 비교해본 결과 전자가 훨씬 더 높은 기억증진(memory enhancement) 및 기억유지(memory retention) 효과를 나타내는 것을 발견하게 되었다. 그리고 그 mneumonic은 "마루치(MALOOCI)," "TIRED," "미도파(MIDOFA)" "웃긴다(UGINDAA)" 등 일상생활과 연관이 되는 단어를 이용하여 만들었을 경우 더욱더 오랫동안 기억되는 특징을 발견했다. 미국에서 로스쿨을 마치고 국내에 돌아와 활동하고 있는 필자로서는 이 방법을 사용하면 미국회계사 시험을 준비하고 있는 많은 분에게도 도움이 되리라고 확신하게 되었다. 따라서 이 책에는 다른 책에서 찾아보기 힘든 많은 mneumonic을 담고 있다. 그리고 AICPA시험을 준비하는 대부분의 수험생들이 선택하는 Wiley 수험서의 문제번호를 각 주요항목마다 기재함으로써 활용도를 높였다.

이에 여러 차례의 시행착오를 거쳐 미국회계사 시험을 준비하는 사람들에게 고득점 취득에 도움이 되고, 양적으로도 부담이 그다지 크지 않은 책을 내놓게 되었다. 보다 많은 사람들이 널리 사용하여 미국회계사 시험에서 고득점을 얻고 목표하는 바를 이루기를 희망한다. 또한 미국 비즈니스법과 관련된 시험을 준비하는 많은 분들에게 작은 도움이라도 되었으면 하는 바람이다.

이 책의 출간을 도와주신 세창출판사의 이방원 사장님, 편집부 직원 여러분과 ㈜국제금융아카데미(AIFA)의 구순서 대표이사님과 직원 여러분께 감사의 뜻을 전한다.

2007년 2월

이 동 욱

차 례

Acronyms [약어표]

AM = Wiley multiple choice question in agency
CM=Wiley multiple choice question in commercial paper
DM=Wiley multiple choice question in debtor-creditor relationship
EM=Wiley multiple choice question in employment/environmental law
FM=Wiley multiple choice question in fed securities acts
IM=Wiley multiple choice question in insurance law
KM=Wiley multiple choice question in K(contract)
PM=Wiley multiple choice question in property
PRM=Wiley multiple choice question in professional responsibility
SM=Wiley Multiple choice question in Sales
SP=Wiley simulation problem
STM=Wiley multiple choice question in secured transaction
A1=Appendix A Testlet 1
A2=Appendix A Testlet 2
A3=Appendix A Testlet 3
B=Appendix B
C=Appendix C
AOR=assumption of risk
AR=anticipatory repudiation
AS=accord and satisfaction
BFP=bona fide purchaser
BK=bilateral contract
BOK=breach of contract
CL=common law
CP=condition precedent
CS=condition subsequent
CT=court
D=defendant
DOD=delegation of duty
EC=exigent circumstances
EE=employee
ER=employer
Fed=federal
FMV=fair market value
FS=Fee Simple
IMFO=irrevocable merchant firm offer
IP=intellectual property
K=contract
LL=landlord
MBR=mail box rule

MPRE=main purpose rule exception
MT=marketable title
N=negligence
OR=Order of Relief
P=plaintiff
POA=power of appointment
PR=property rights
ROL=risk of loss
SH=shareholder, shareholding
SL=strict liability
SOA=Sarbanes Oxley Act
SOF=statute of frauds
SP=specific performance
T=tenant
UK=unilateral contract
VL=vicarious liability

References

Whittington & Delaney, *Wiley CPA Regulation Exam Review 2007-Regulation*, John Wiley & Sons, Inc.

Les Wiletzky, *Power Point Slides to Accompany Business Law*, 5th Ed., Henry R. Cheeseman

이상윤, 영미법 (박영사, 2000)

이동욱, 미국법정에 선 한국기업들 (세창출판사, 2005)

김정섭, *Business Law I, II* (unpublished)

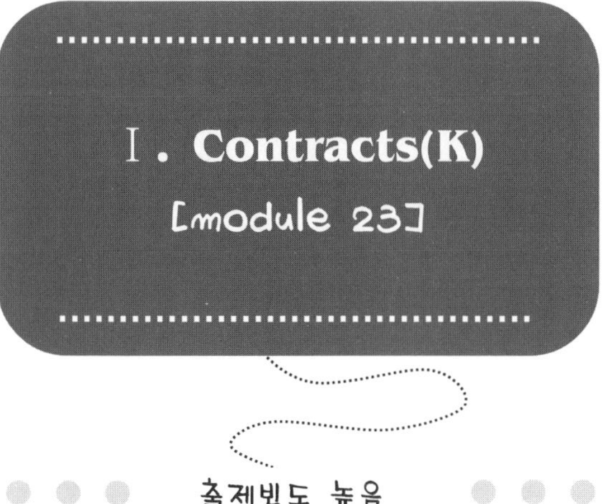

A.1. Sources of Law in the USA

- **Common Law(CL):** applicable for services and land contracts.

- **uniform commercial code (UCC)** Article II: applicable for contract of **goods**

2. A K is a legally enforceable agreement. It may be express (words) or implied (based at least in part by conduct).

B.3. Elements of a K

만일 K의 성립에 관한 문제가 나오면 먼저 *mneumonic*인 마루치 **(MALOOCI)**를 써넣고 시작하라

MA is **mutual agreements of offer and acceptance,**

LOO is **legality of object** [legal capacity and legal purpose(duress, fraud, etc), and legal means]

C is **consideration, concurrently, communicated**

I is with present **intent** and other defenses.

C.4. Offer is a manifestation of an intent to K (manifested willingness to enter into a K) 청약 = 계약을 맺겠다는 의사표시

1) **Objective** Test – whether a reasonably objective person in the position of the offeree would believe that his or her assent creates a K(객관성, 즉 주관적 의도는 무관).

EX. Sandra says, " I offer to sell you, Tom, my car for $5,000." This may be an offer, although Sandra actually might have been joking, as long as given the circumstances it was said, a reasonable person in Tom's position would think that Sandra intended to make an offer to sell her car.

2) **I(present intent),**

3) **C(communicated)**

EX. *Jim returned Tim his lost dog unawre that Tim had placed an ad offering $200 rewards in a local newspaper. Since this offer had not been communicated to Jim, there could be no mutual agreement. Therefore, there is no contract formed and Tim is not obligated to pay the reward.*

4) **definite and clear** about **STPP** [subject matter, time of performance, price, and participants]. KM1

EX. *Jim asks Tom to fix the chandelier at Jim's house within a week, at a price to be decided later. The offer here will fail for indefiniteness of the price term.*

Mneumonic: **O:O-IC - SToPPP -DC -**

※ 注意 ※
아무리 offer를 해도 상대방이 모르면 꽝 → 즉 notice와 knowledge가 생명이다. An offer cannot be accepted if there is no knowledge of it. If the offeree acts without knowledge and learns of the offer later, her acts were not an acceptance. 극단적인 예로 A와 B 사이에 가격만을 제외하고 서로 물건을 사고 팔기로 합의한 상태에서 A가 10,000불에 팔겠다는 편지를 보내고 우연히 B도 10,000불에 사겠다는 편지를 발송했다면 서로 모르는 상태인 한 mutual assent부족으로 계약은 성립되지 않는다.(일부러 속이기 위해 가격을 같게 한다거나 동시에 같은 날짜에 발송하는 걸로 crossing offer가 있는 것처럼 fact를 만드는 등 속임수문제가 많으니 주의할 것)

5. **No Offers:** 분명한 농담, 막연한 광고(예. While they last…), 청약의 유인, 사전문의나 협상, 의견표시는 offer가 아님.

1) Promises made in apparent jest,
2) Invitations for an offer [solicitation for an offer]

EX. *Tiger Woods asks Seri, "What would you think my golf club is worth?" Seri says: "About $2,000." Woods says: "I accept your offer so I will buy it for $2,000." Under this circumstances, Seri never made an offer. However, when Woods said that he would accept, this is an actually an offer that Seri may accept or reject.*

3) General advertisements,

4) Price tag [lists], catalogues,
5) Preliminary negotiations or inquiries,
6) Auction [auction with reserve/without reserve]
7) Statement of opinions – is not an offer

EX. *A physician tells a patient that he will fully recover in a couple of months, but it actually took only two weeks. The physician's statement is only an opinion, not an offer.*

> ** **Exception to the ads** – ads can be an offer if it is specific as to quantity, terms & indicates who can accept.
> 구체적인 물량, 조건, 자격을 명시해 두면 그것을 따르는 순간 계약이 형성된다.

예 1. 광고를 아주 제한적으로(예. 선착순 100명에게 30% 할인해줍니다) 할 경우 offer가 된다. → 계약형성은 광고를 보고 performance를 하는 경우에 이루어진다.→ UK

예 2. 우리 강아지를 찾아주면 1,000$ 드립니다. → completion of performance가 acceptance가 된다(UK).

Q.	A.
1개 다이아몬드를 갖고 있는 1명이 다른 4명에게 동시에 팔겠다는 의향을 나타내는 편지를 보낼 경우 1월 15일까지 답장달라고 한다면 이것은 무엇일까?	

KM2

6. Creation of Offeror and Offeree

Offer is effective upon the receipt by the Offeree.

청약의 효력발생시기는 Offeree에게 도달하는 순간에 발생한다.
(도달주의) ➔ 편지, fax, e-mail, etc.

*** Offeror's risk is up until received by the offeree.
따라서 도달하기 전에는 Offeror가 risk를 떠안게 된다.

7. Unilateral contract and bilateral contract

1) UK: an offer that expressly requires performance as the only means of acceptance.

EX. *Michael says he will pay Jennifer if she will mow his lawn. Michael has made a UK. The moment Jennifer starts mowing, Michael's offer is accepted.*

*** *단순한 준비를 했다고 해서 UK라고 우길수는 없다.*
But mere preparation is not enough to enforce UK.

예. *Michale이 자신의 집의 벽면과 지붕이 탈색되어 페인트칠을 새로 해야 하겠다고 생각하고, 페인트공인 John에게 집을 칠해달라고 전화를 하자, John은 페인트칠하는 데 사용할 붓을 사는 경우 ➔ mere preparation.*

※ An offer for a unilateral K cannot be withdrawn once the offeree has begun to perform. ➔ performance 자체가 consideration인 것이다.

➔ communication of acceptance or the statement of performance is not necessary. 즉 받아들인다고 하는 communication 자체가 필요없고 행동으로 보여주기만 하면 된다.

※ 일단 performance를 시작하기만 하면 30초라도 상관없다. KM8

➔ 반면 BK에서는 반드시 상대방에게 acceptance 여부를 통보해주어야 하고, reasonably understand the offer as BK로 알아야 한다. 무조건 UK주장은 곤란하다.

2) **BK** offer that is open as to the method of acceptance→must follow the specifically authorized method of acceptance to be valid.

EX. *Rebecca says to Edward, "Will you agree to work for me for three months at $5,000 per month?" This is a bilateral offer.*

8. Termination of Offer [Offer의 소멸]

※※※ **Rule: Offeror is the king of the offer.** He can cancel his offer anytime before acceptance.

※ Generally offeror may revoke offer at any time prior to the acceptance. offer를 취소하지 않겠다고 약속했어도 취소할 수 있다.

※ The Offeree's(buyer's) power of acceptance was terminated by an effective revocation.

Mneumonic : **Offeree's Power TIRED**

T is **a lapse of reasonable Time** after the offer is made, or the time expressly stated in the offer .

I is **Incapacity** or death of the offeror or offeree or seriously changed circumstances[illegality, imppossibility, bankruptcy, insolvency]. KM5

R is **Revocation of the offer,** communicated to the offeree, before the offer is accepted.

Rule: Revocation may be direct or indirect by oral, written or conducts. Revocation is generally effective when received by the offeree.

* 상대방이 acceptance하기 전에 revocation의사를 전하는 것이 가장 효율적 ➔ 직접 전달하는 것이 아니고 신문이나 친구 등을 통해 간접적으로 들어도 무방[구두, 서면, 액션 등으로 모두 가능] KM-3

E is **Express Rejection and/or a counteroffer by the offeree.**

D is Destruction of the Subject Matter of the K, or an intervening illegality, will terminate the offer by operation of law.

예. 가수 비가 카네기 홀에서 공연을 하기로 카네기홀 측과 계약을 했는데, 카네기 홀이 테러분자들에 의해 폭파되어버린 경우, 계약의 주대상인 subject matter의 파괴로 계약무효가 된다.

9. ※ equal dignity rule: notice를 통해 취소가능하나, in the same manner as made or by a comparable medium and frequency of publicity로 하여야 한다.

예. *희귀종 강아지를 잃어버린 사람이 자신의 강아지를 찾아주면 $10,000 rewards를 주겠다고 KBS에 광고를 했으나, 마음이 변함. 이에 그 다음날 조그마한 지방신문에 rewards취소광고를 게재함.*

Point ※※※

10. A counteroffer serves as

① terminating the original offer and

② creating a new offer from the original offeree, thus

③ reversing the former roles of the parties and

④ giving the original offeror the right to accept or reject the new offer

counteroffer는 original offer와 새로운 offer를 종결시킨다. 따라서 원래의 역할을 뒤바뀌게 하며 original offer를 한 자에게 새로운 offer를 거절 또는 수용할 권리를 주게 된다.

예. *하청업자가 7만5천불에 작업하겠다고 general contractor에게 bidding → general contractor는 5천불만 깎아서 7만불에 하자고 전화→하청업자는 거절 또는 수용가능[KM4, 9]*

※ 注意 ※

a mere inquiry≠counteroffer. The test of whether the reply is a counteroffer or inquiry is whether a reasonble person would believe that the offer was being rejected.

EX. *Ann offers to sell her land for $30,000 and Earl asks Ann if she would accept $20,000 now and $10,000 plus 10% interest one year from now.*

> **** 특히 offer와 acceptance가 유사한 것처럼 보이게 해 놓고, "conditioned on ~~charges" 등과 같은 경우는 counteroffer이므로 각별히 주의할 것

Point ※※※

11. Offer cannot be revoked when

1) consideration is paid in **Option K**

Option K: Offeror has promised to keep offer open, and promise supported by consideration

Rule: Must be supported by consideration to keep the offer open : 아무리 option K처럼 보여도 consideration이 없으면 option K가 아니다. 속지 말것

EX. *Jennifer offers to sell her house to Robert at $100,000 and states she will keep the offer open for ten days if he pays $1,000. Robert pays $1,000 and one week later, Jennifer faxes Robert that she is revoking the offer. Robert then accepts the offer on the 8th days.* ➔ an agreement has been formed because the offer was an option supported with consideration. The offer would not be revoked before ten days.

2) **Merchant's firm offer under the UCC**, which is to be discussed under Sales.

3) Performance **already began** under the UK.

12. Acceptance

1) 승낙이란 계약을 성립시키기 위해 Offeree가 Offer에게 동의의사를 표시하는 것이다. 의사표시 방법은 서면, 구두, 행동에 의해 가능하다.
   Acceptance may be written, oral, or by conducts.

2) 승낙은 offeree가 분명한 **knowledge and intent**가 있어야 한다.
   ➔ **acceptance.**
   Offeree must have knowledge and intent to accept the offer.

3) Click-on agreements are legally enforceable when the offeree completes the contract online by clicking on the button that shows acceptance.
인터넷상으로 클릭을 하여 계약이 성립된 경우, offeree가 knowledge and intent를 갖고 있었다고 판단되어 acceptance로 본다.

13. silence is not an acceptance.

Offeree is under no duty to reply.
Offeree가 청약에 대해 응답할 의무는 없다. 청약에 대해 offeree가 아무런 응답을 하지 않은 silence는 승낙이 되지 못한다.

14. **Acceptance by silence**

1) Offeree intends to accept by silence and Offeror prescribes silence [사전양해]

2) Previous dealings imply acceptance [사전거래].

3) Offeree taking benefits [혜택]

4) Offeree exercising dominion and control [소유권에 대한 지배]

Offeree has taken benefits of services or goods and exercised control over them when s/he had opportunity to reject them.
Offeree가 거절할 기회가 있었는데도 불구하고, Offeror가 제공하는 용역이나 재화의 benefit을 입은 경우, silence가 acceptance로 간주된다.

15. **Mirror Image Rule** (완전일치의 원칙)

1) acceptance must be unequivocal and unconditional under the CL.

2) An acceptance which attempts to change terms of offer is a counteroffer.
Offer의 조건을 변경하려 할 경우 이는 Acceptance가 아니라 counteroffer이다.

3) A condition which does not change or add to the terms of the offer is not a counteroffer.
Offer에 내용변경이나 추가가 없는 경우 counteroffer가 아니다.

※ 틀리기 쉬우므로 주의※
CL의 mirror image rule과는 달리 UCC, 즉 sale of goods에서는 additional terms는 merchants들끼리인 경우 당연히 acceptance가 되고, 서비스 거래에서는 주로 mere inquiry로 취급하는 경향이 늘고 있다.

16. **Mail Box Rule**[MBR, 발신주의(發信主義)]

1) If acceptance is made by methods specified in offer or by the same method used by the offeror, acceptance is effective when dispatched.
Offeree의 Acceptance은 Offeror가 발송시(on dispatch)에 효력이 발생한다. Offer가 살아 있는 한, Acceptance는 Offeree가 이를 반드시 수령할 필요는 없다.

2) Other method of acceptance is considered effective when actually received by the offeror.

3) If acceptance is valid by dispatch, a lost or delayed acceptance is correctly mailed but never arrive. ➔ valid acceptance.

예. 즉 우체부의 실수로 잘못 배달된 경우

17. Exception to the Mailbox Rule

1) **Rejection, then acceptance:** 먼저 도달하는 것이 효과 발생.

※※※ 거절을 먼저하고 난 뒤에는 MBR이 적용되지 않는다.
[If the offerer mails a rejection(changes her mind) and then send an acceptance, the MBR does not apply.]
그리고 rejection이든 acceptance이든 먼저 도착하는 게 이긴다.

2) **Acceptance, then rejection:** →Acceptance효력 발생. 단, rejection이 먼저 도착하고 offeror가 이에 rely한 경우는 rejection 효력 발생→ within reasonable period of time 이내에 acceptance letter를 발송
3) ※※※ 먼저 발송해서 MBR이 적용하게 하고 상대방이 우편물을 받아보기 전 전화로 rejection해도 telephone rejection did not void the acceptance by mail.

※ 단, communicaiton요건이 있을 경우 (예. Please notify me by Friday → 금요일까지 통보를 해서 상대방이 받아보아야 함).

4) offeror가 구체적인 'authorized notification'을 요구하는 경우 그 방법만이 유일하다. →authorized notification 방법이 아닌 MBR을 통해 답을 보내온 경우 이를 무시하고 offer를 취소가능하다.

EX 1. *Acceptance must be received to be effective.*

EX 2. *Acceptance shall be not be effective until actually received.*

5) **option deadlines** – MBR Not Applicable Acceptance must be received by option deadline.

Rule: Under the option K, the so-called MBR does not apply to the exercise of options. In such cases, acceptance is effective when received option K에서는 MBR도 적용되지 않는다. 오직 하나, 약속시간까지 현금을 완전히 전달하는 것 이외에는 소용없다

6) **Late acceptance does not create a K.** It is a counteroffer and a valid K is formed only if origianl offeror then accepts.
데드라인을 넘겨 도착한 acceptance는 무효다.

M6, 7

18. Consideration or consideration substitute Forms – Performance, Forbearance, Promise to Perform, Promise to forebear – is action a K or a gift. A gift does not ask for anything in return. In a K you get something in return.

1) consideration is **bargained-for exchange** [상대적 거래관계]
약인이란 약속을 하는 사람(promisor)가 입는 손실(detriment) 또는 약속을 받는 사람(promisee)가 받는 이익(benefit)이다.

2) **Legal detriment** [법적인 손실] either doing something that you did not have to do or not doing something that you had a right to do. Adequacy of consideration is not relevant.
의무가 없는데도 실행을 한다거나 법적으로 할 수 있는 권리가 있는데도 불구하고 하지 않는 것. 예 : 담배를 피우지 않는 것.

※ Consideration은 경제적으로 판단하는 게 아니라 법적으로 판단하는 것이므로 금액의 유사성이나 consideration의 적정성 등은 상관없다.

Q.	A.
만일 경찰관(Police officer)이 마약혐의로 구속된 적이 있었던 연예인 L에게 "만약 마약을 1년간만 하지 않으면 $1,000을 주겠다"라고 말한다면 consideration이 있는가?	

3) comfort and affection에 대한 감사의 표시 등은 moral obligation이나 gift에 해당하고, consideration이 아니다.

4) **Consideration as The Right to Sue** honest and reasonable belief in a valid claim=compromise among the parties

소송을 안 한다거나 소송의 가능성이 있다고 믿고서 이를 않는 조건으로서 타협을 하는 것도 consdieration이라고 볼 수 있으므로 주의할 것.

[注意] 영어의 미묘한 어감차이에도 주의하자.

"Unless you give me $500, I am going to report the incident to the police" → Not promising to forbear to sue.→Rather a duress.→ Therefore no forbearance and no consideration, and no K. [참고 KM26]

"Give me $500, then I am not going to report the incident to the police" → forbearance and therefore consideration and K was formed.

5) **non-economic detriment can be a considertion**

Bargained-for-exchange or forbearance: Consideration	***EX.*** ①. 20살이 될 때까지 담배 안 피우면 5,000불 주겠다고 약속한 경우 ***Q.*** 만일 원래 담배를 피우지 않는 사람에게 금연을 하면 $1,000을 준다고 약속했다면? ...... ***A.***

KM11

19. **Requirement Ks/Output Ks** a K for the sale of goods can state quantity in terms of the Buyer's requirements or Seller's output.

※ Requirements K generally present adequate consideration on both sides of the K because one party is bound to supply the goods, and the other has lost her right to buy goods from another source.
Requirement K는 상대방에게 서로 구속이 되고, 다른 상대방에게 구입할 기회를 포기하게 되므로 적절한 consideration이 있다고 본다.

20. **Promissory Estoppel** [약속에 의한 禁反言]

Promissory estoppel may become a consideration substitute and renders promise enforceable—promissor is estopped from asserting the lack of consideration. *Promise, reliance that is reasonable, foreseeable, detrimental, and enforcement necessary to avoid injustice.*

Consideration이 없더라도 대체효과를 나타내며 약속을 해준 사람은 consideration이 없다는 이유로 계약관계가 없다고 주장하지 못한다.

Elements of the Promissory estoppel

1) Detrimental reliance on the promise
약속에 대한 detrimental reliance
2) Reasonable and forseeable reliance
합리적이고 예측가능한 의존
3) damages or injustice may result if not enforced.
만일 이행을 하지 않으면 damages나 injustice가 발생

21. **Promise to donate to charity** is enforceable based on public policy reasons.

증여약속은 일반적으로 consideration이 없다. 그러나 자선단체(교회, 병원, 학교 등)에 증여하기로 한 약속은 공익의 차원에서 구속력을 갖게 된다.

EX. *When Oprah Winfrey, the richest woman in the world, promised to donate $100 million to Korea University at the ceremony of her honorary doctorate, the school committee reasonably and in good faith relied on the promise and incurred expenses to renovate the students' Hall.*

KM14

22. **Change of position in reasonable reliance**면 counteroffer도 중단된다.

예1. *Sellor가 option K에 걸려 있어서 5월까지 묘목을 팔지못하는 상황에서 Buyer가 다른 데서 싼값에 묘목을 사겠다는 연락이 4/10 일자로 오자 이를 믿고 Seller가 기존묘목을 4/11일 처분하는 순간 이 계약은 종결되고 Sellor의 의무도 종결된다 속임수로 흔히 Buyer가 4/12일 이 처분소식을 알게 되었다고 하기도 하나 실제 계약이 종료되는 건 4/11일이므로 주의할 것.*

23. **Past consideration,** in general rule, is not consideration.

Moral Obligation is not bargained-for exchange

KM11

24. ※※※ **Preexisting Duty Rule [PEDR], Pre-existing contractual or statutory duty rule**

Promise to pay someone to do something for which he or she is already obligated to do is unenforceable. CL performance of pre-existing duty is not consideration.

어떤 당사자가 이미 자신이 법적으로나 계약상 의무가 있는 일을 하거나 할 것을 약속하는 경우, 손실이 없기 때문에 consideration이 되지 못한다.

EX 1. *Agreement to pay police officer $300 to recover the solen goods is unenforceable.*

EX 2. *Fredrick is an auditor of Semiconductor Company. Donna is a potential investor of the company and offers Fredrick to pay $1,000 if he performs a professional quality audit of Semiconductor Company. The $1,000 is in addition to the fee Fredrick will get from Semiconductor. Are there any considerations for the additional $1,000? S1-5*

※※※ Exception ※※※

① **if there is a change in the original deal then there is consideration**

② **unforeseen difficulty so severe** as to excuse performance

예 1. 개관일을 앞두고 손님들이 몰려올 예정인데 진입로 공사에 큰 돌이 발견되어 급하게 처리하지 않으면 안될 경우

예 2. 방송을 특정일에 시작하기로 해서 방송케이블을 묻는데 땅속에서

엄청난 대수층(aquifier)이 발견되어 날짜에 맞추기 위해 돈과 노력을 더 투입했을 경우

③ 3P where a promise comes from 3P, there is new consideration & it is legally enforceable.

④ the PEDR does not apply when the party's duty is varied→

※ If a promisee has given something in addition to what he already owes in return for the promise he now seeks to enforce, or has in some way agreed to vary his preexisting duty, there is consideration.
Promisee가 이미 있는 약속에 추가해서 뭔가를 더해서 기존의 약속을 변형시키려고 할 경우에 이를 new consideration이 있다고 본다.

KM10,12,13, S1-5

25. **K modification[Modification of K]** 자주 출제되고 틀리기도 쉬운 부분이다. 각별히 주의하자

1) Under the CL, K modification needs new consideration on both sides to be legally binding.
   CL에서는 체결된 계약이 수정되기 위해서는 양쪽 당사자 모두에게 새로운 약인이 필요하다. 예. Personal service K.

2) Under UCC, a K modification for the sale of goods is enforceable if made in GF, even without consideration.
   그러나 UCC에서는 good faith만 있으면 된다.

26. **Defenses to the formation of a K.**

다음의 문제가 생기면 계약이 생겨나지 않게 된다.

M - Mistakes

U - Unconscionability, undue influence, duress of the underlying transaction

F - Failure of consideration or seriously changed circumstances

F - frauds [statute of frauds]

I - fraudulent inducement of the underlying K through infancy, incapacity, illegality, etc,

Non-existence[absence] of reality of consent

Mneumonic : **MUFFIN fails K**

27. Mistake — a wrongful understanding of a fact that is not present in the agreement.

Point ※※※

< Unilateral mistake of material fact>

1) Generally courts are reluctant to allow a party to avoid a K for a mistake made only by one party.
   원칙상 한쪽의 착오를 이유로 계약취소 불가
2) In all unilateral mistake situations, if the non-mistaken party knows or should have known of the other party's mistake, he will not be permitted to snap up the bargain and take advantage of the mistaken party.

(注意) 만약 룰을 한쪽이 알고 있었다면(직접듣은 게 아니고 신문 등이나 제3자를 통해 알게되도 무관하다) 다른 쪽은 claim 주장 못한다.→ 즉 상대방을 이용하지 마라

3) Exceptions — palpable (obvious) mistakes. Mistakes discovered before significant reliance by the other party.

KM21,25

< Bilateral mistake[Mutual Mistake]>

1) **Mutual mistake about material subject matters** [existence, identity, important chracteristics]
중요사항에 대하여 쌍방간 착오를 일으켰을 경우 이를 이유로 계약취소 가능(voidable)

2) mistake about the value of subject matter is not grounds for voiding a K.
중요하지 않은 사항의 가격이나 가치에 대한 착오는 계약취소사유가 되지 못한다.

EX. *Mistake about the fair market value of land.*

28. Unconscionability [부당계약]

Unconsionability는 계약 당시에 결정되며 법원에서는 bargaining power의 불균형(disparities)과 심각한 위배(significant deviation), 강압성 정도를 보고 결정한다.

Unconscionability of a K is determined at the time the parties entered into the agreement. A court will consider

1) **Disparities in the bargaining power** and
협상력의 큰 차이

2) **Significant deviation** from what otherwise would be considered a reasonable contract and.
합리적인 계약관계에서 지나친 괴리

3) **Unfair surprise & oppressive terms** are tested as of the time

the agreement was made.
강압적 조항

EX. Adhesion K(상호 협상가능성이 전혀없는 take it or leave it 성격의 계약): 예. 전기, 가스, 수도 계약

29. Undue Influence[mental coercion]

1) Occurs through abuse of fiduciary relationship[close relationship] (e.g. CPA, attorney, guardian, trustee)
정신적 강박은 주로 신뢰관계를 저버리는 상황에서 발생한다.

2) normally cause agreement to be voidable.
취소가능하다. KM-22

30. Duress [물리적 강박]

1) any wrongful threats or acts of violence or extreme pressure (물리적 힘을 사용하거나 위협)

2) generally ordinary duress creates voidable agreement.
강박에 의해 체결된 계약은 voidable.

3) extreme duress causes agreement to be void.
심한 duress는 계약이 void(무효)가 된다.

4) ※※※Personal Duress/Economic Duress — personal or physical duress but not economic duress is a basis for avoiding an agreement.
개인적인 강박이나 물리적인 강박은 계약 취소원인이 되지만 경

제적인 애로는 안된다. KM26

31. **failure of consideration or seriously changed circumstances [consideration 결여 또는 심각한 상황변화].**

Serious Changes in weather conditions, economic conditions, etc., that cause hardship to one party will create voidable Ks.

계약의 기초가 되는 상황(기후, 경제여건 등)이 심각하게 변화되어 계약을 강행할 경우 상대방에게 심각하게 가혹해진 경우 계약취소 가능. 예. 쓰나미, 총파업 등

32. Statue of Frauds [사기방지법]

대부분의 계약은 서면이 아닌 구두로(orally)도 enforceable하나, 몇가지 계약들은 그 성격상 서면으로 작성되어야 하고, 당사자가 반드시 서명하여야 함.

Mneumonic : **MY F * LEGS**

M (marriage in consideration of)

※ 注意 ※

결혼당사자 간의 계약뿐만 아니라, 예비 시아버지-며느리 간의 결혼조건과 관련한 계약도 서면으로 해야 한다.

예. *"우리 아들과 결혼해 주면 아파트 한 채 사줄께"라고 말하는 경우 서면으로 작성되어야 구속력을 갖게 된다.*

Y (a K that cannot be completed within a year)

※ 注意 ① ※
a BK, which BY ITS EXPRESS TERMS is not capable of complete performance within one year from its execution, must be evidenced by a signed writing.

EX. *a 5 year employment K is within the SOF.*

※ 注意 ② ※
단, 1년이내에 시행될 가능성이 조금이라도 있다면 SOF의 적용을 받지 않는다.

KM10,31, 34, A2-9

F is finders' fee arrangement:

※ 注意 ※
서면으로 해둔 뒤에 최종 계약 closing까지 가지 않으면 한푼도 못받는다

L (land K)

※ 注意 ① ※
특히 토지거래에서 매매가격이 써있지 않으면 즉시 위반이 된다.
Lease periods for longer than 1 year, must be in writing signed by the party to be charged, or signed by her agent whose authority to sign must be in a writing signed by the principal.

※ 注意 ② ※
단, UCC의 적용을 받는 상품매매에서는 가격이 써있지 않아도 reasonable price 가 적용된다

E (exector's promise to pay the debts of the estate from his personal funds) 유언집행인이 체결한 계약

G (goods $500 or more)

S (suretyship or guarantee)보증계약에 보증인의 서명이 없는 경우 채권자가 보증인에게 보증계약을 이행하라고 할 수 없다.

※ 단, Main Purpose Rule Exception [MPRE]–promise made for the benefit of the promisor himself or herself may be oral.
보증인이 보증계약을 체결한 주된 목적이 자신의 이익을 위한 것이라면 보증계약은 SOF의 적용을 받지 않는다.

예1. *A술집과 B간에 채무관계가 있었는데 B에게 빚을 갚지못한 A술집 주인이 가게를 처분하려 하자 단골이던 C가 B에게 대신 지불약속을 구두로 했다가 나중에 B가 C를 소송하려 할 경우엔 MPRE에 의해 소송이 불가능하다. KM29*

※ 注意 ※
일반적으로 SOF는 sales of goods & Land에만 해당되고 service K에는 적용되지 않는다. 따라서 service K에서는 서면계약이 없어도 되고, additional oral terms도 추가 가능하다

EX. 과외지도로 5,000달러를 받기로 했는데 나중에 합격하면 추가로 1,000달러를 더 준다고 했다가 합격되고 나자 잡아떼는 경우, 계약이행 강제가능하다.

Point ※※※

33. SWAP Exception to the SOF(아주 틀리기 쉽다. 주의할것)

$500 이상의 상품판매에 관한 **Oral K**라도 다음의 경우엔 SOF가

적용되지 않고 약속이행 강제가능하다.

1) Oral K for **specially manufactured or unique goods** is not suitable for ordinary sale enforcible when the seller has begun substantially to perform. [특수목적 제작품] SM7

2) **Written confirmation** between merchants—one party may send signed written confirmation stating terms of oral agreement to the other party within reasonable time, then the non-signing party must object within 10 days or the K is enforceable.
[상인간의 구두거래내용 확인서]. M10

3) **Admission** in court: 계약의 이행을 요구하는 당사자가 법정에서의 변론이나 증언 등에 의하여 계약이 체결되었음을 인정한 경우

4) **Performed: received and accepted goods**(서면계약서 없어도 상품을 수령하거나 상품의 대금을 지급한 경우 계약이 형성된 것으로 본다. 즉 한번 받고 나면 책임져라는 원칙)

34. Other Issues in the SOF

※ **doctrine of Part performance** [부동산과 관련된 **part performance**의 법리] – equity will intervene & decree specific performance of an oral K of the sale of land when

① buyer takes physical possession & pays all or a substantial part of the payment [점유+지불]

② buyer takes physical possession & makes substantial improvements (점유+개선) KM30

※ writing forms–need not to be written in a single document
계약조건을 담은 문서로서 당사자들의 서명이 있는 문서가 반드시 하나일 필요는 없다. 예를 들어 A와 B가 구두계약을 맺고서 각자가 서명한 문서를 서로에게 보냈을 경우 각각 상대방에게 이행하라고 촉구할 수 있다. KM32, C7

35. **Infancy**

K with minors(K with a minor) 미성년자 계약관련 주의사항

1) 미성년자와의 계약은 invalid가 대원칙

2) A minor may contract, but agreement is **voidable** by the minor. A minor may disaffirm his K on the ground that he lacked capacity, but the party contracting with him may not.
미성년자는 자신이 미성년이라는 이유로 계약을 무효화할 수 있으나 미성년자와 계약을 맺은 당사자는 미성년을 이유로 무효화할 수 없다

예. *미성년자 B가 오토바이 한 대를 성인인 S에게서 사기로 계약을 맺었는데 S는 나중에 delivery 직전에 다른 성인을 데리고 오기 전에는 계약이행을 못하겠다고 주장할 경우→ 미성년자인 B가 이긴다.*

3) **Disaffirm**(계약의 취소)

A minor may disaffirm the K at any time until a reasonable time after reaching majority age.

미성년자는 계약체결 순간부터 성년이 된 이후 합리적인 시간내에 언제든지 계약을 취소할 수 있다.

예. *미성년자일 때 계약을 맺었는데 나중에 18살이 되면 $400를 준다고 했다가, 실제 18살이 되자 $300만 주겠다고 한 경우→ $300이 적용가격이다. KM15*

4) 단 미성년자의 necessities(생필품)과 관련한 경우에는 계약성립인정. A minor is liable for necessaries furnished for him.

예. Food, clothing, shelter, education 등.

EX. *눈보라를 피하기 위해 16세인 미성년자가 호텔에 급히 들어가자 평상시 $50인 숙박료를 주인이 갑자기 $100로 인상한 경우→ $50만 법적으로 인정된다.*

※※※ 注意 ※※※

계약이 아직 이행(non-executory)되지 않은 상태라면 미성년자는 그 계약을 이행하지 않고, 계약을 취소할 수 있다. 그러나 이미 이행되어 미성년자에게 제공이 되었다면, 미성년자는 자신이 제공받은 것에 대한 합리적인 대가(reasonable value)에 대한 책임을 부담하고 계약을 취소할 수 있다. 미성년자는 K price에 책임이 없고, reasonable value of the necessaries furnished에 책임. The infant is not liable for the K price, but for the reasonable value of the necessaries furnished.

5) ratifying[계약의 추인] : 계약의 추인은 취소할 수 있는 계약을 취소하지 않겠다는 의사표시로 성년이 된 이후부터 미성년인 상태에서 체결한 계약을 추인하는 것. KM17

6) 꼭 necessity가 아니더라도 미성년자가 사용해서 혜택을 보았다면 그 금액만큼 제하고 주인은 돌려줄수 있다.

EX. *미성년자가 중고자동차를 $1, 000에 사서 두달간 이용했는데 나중에 두달만에 고장이 나자 주인에게 되돌려주며 원금반환을 주장했을 경우➔ 주인은 원금에서 사용한 이용료만큼을 제하고 나머지만 돌려줘도 된다.*

36. **Incapacity[Incompetency]**

1) 법원에 의해 insanity(incompetent)로 판결된 사람에 의해 판결이전에 맺은 계약은 취소가능(voidable)

2) 법원에 의해 insanity(incompetent)로 판결받은 사람에 의해 판결이후 체결한 계약은 무효(void). KM16

37. Illegality of the subject matter [불법계약]

1) Agreements are unenforceable if illegal or violate the public policy. 불법계약이나 공공정책에 위배되는 계약은 이행불가 (예. 도박관련 대금지불 계약)

2) When one party is innocent, s/he will be given relief. But both parties are guilty, neither will be aided by court.
쌍방이 과실일 경우, 법원은 도와주지 않는 것이 원칙.

3) types of illegal K➔ unenforceable

a) agreement to commit the crime or the solicitation of the crime.
범죄계약, 범죄 교사계약

b) agreement not to press criminal charges for consideration.
대가를 받고 형사상 고소 또는 고발을 하지 않기로 하는 계약

c) Services rendered without licenses(무면허 서비스 계약)
공익보호 목적 for the protection of public interest
— 의사, 변호사, 회계사, 부동산 중개사

EX. *야매로 치과나 성형외과의사 등이 의사면허증 없이 수술해준다면 돈을 안줘도 된다.*

d) **revenue-seeking statute.** 예. Liquor license

e) **usury for greater than legally determined interest**

법에서 정한 이자율 상한선 초과징수 KM19.

38. Non-existence(Absence) of Reality of Consent

1) Fraud(사기): fraud의 elements는 Plaintiff이 입증하여야 한다.

Mneumonic: **Frau MIRICau**

a) **M**isrepresentation of material facts [중요사실에 대한 부실표기] A1-6

※ 注意 ① ※

layperson opinion, sales puffing, prophecy, sales talks 일반인의 의견, 세일즈목적상의 과장, 예언 등은 이에 해당되지 않는다.

※ 注意 ② ※

Layperson's opinion does not constitute fraud, but expert opinion does constitute fraud.

일반인이 아닌 전문가 의견은(audit opinion, appraisal value) 등은 사기의 구성요소가 될 수 있다.

b) **I**ntent to mislead-"scienter" 기망의 의도 또는 고의성

EX. Knowledge of falsity and deceptive intent

c) **R**easonable **r**eliance 상대방의 합리적인 신뢰

d) resulting **I**njuries 손해발생

e) **causation** 인과관계

2) Types of Fraud 사기의 종류

a) **fraudulent inducement**[fraud in the inducement] 계약의 협상과정에서 사기로서 계약내용에 대하여 기망을 한 경우, 이렇게 체결된 계약은 취소가능(voidable)

b) **fraud in the execution:** 계약의 체결과정에서 사기를 당하여 내용을 잘 모르고 계약서에 서명을 한 경우, 또는 계약을 한다는 사실은 알았지만 전혀 내용이 다른 서류를 서명한 경우

EX. *연예인이 팬들이 몰리면서 사인을 해달라고 하기에 사인해주었더니 나중에 보니 계약서인 걸로 밝혀졌을 때➔ 무효*

KM20, 24, 27,

3) Remedies for Fraud

a) affirm and sue for damages under tort of deceipt.
계약을 취소하지 않고 손해배상을 받을 수 있다.

b)rescind the K and sue for damages that resulted from fraud. 계약을 취소하고 손해배상을 받을 수 있다.
KM28

4) Constructive Fraud or gross negligence

Fraud의 elements중 intent to mislead[scienter] 대신
Reckless disregard for the truth라는 점을 제외하고는 fraud와 동일하다.

5) Innocent(Negligent) Misrepresentation

a) **Fraud**의 요건 중 intent to mislead[scienter] 대신 fault 또는 negligent(부주의)를 요건으로 한다.

b) **Remedies for Innocent Misrepresentation**

Rescission of the K(계약취소), Return of all benefits to the relevant parties(모든 혜택 반환), But no right for damage claims for the aggrieved party (innocent misrepresentation을 이유로 상대방에게 손해배상을 청구할 수 없다)

	Fraud	Constructive fraud or gross negligence	Innocent misrepresentation
요건	Misrepresentation of material facts	좌동	
	Intent to mislead (scienter)	Reckless disregard for the truth	Negligence or fault
	Reliance	좌동	
	Injuries	좌동	
	Damages	좌동	
	Causation	좌동	
구제	**계약취소, 손해배상**	좌동	계약취소 가능, 손해배상 불가

〈참고: 김정섭, Business Law I, p.13(unpublished)〉

39. Other Issues

1) **Parol Evidence Rule [PER]** affects terms of K, not formation.

Mneumonic : **PERCI→ No Ex Evi**

Rule: When parties have agreed to a written K as the final expression of their agreement, evidence of a prior or contemporaneous agreement (written or oral) cannot be used to vary the terms of that written K. Where there is complete integration, no extrinsic evidence is permitted.

당사자들이 최종적이고 완전한 의도를 가진 서면계약을 체결하였다면 법원은 그 서면계약 이전에 체결된 구두, 서면계약, 또는 그 서면과 동시에 체결된 구두계약을 그 서면계약의 선결조건을 다투기 위한 증거(contradicting evidence)로 받아들이지 않는다.

2) **Exception to the PER:**

Mneumonic : **CP I+A+ PER+ U➔곤란**

a) to show **condition precedent**.
해당계약의 성립을 위하여 선행조건이 있음을 설명하기 위하여

b) to show **invalidity(inconsistency)** of Ks between parties because of fraud, duress, mistake, failure of consideration.
계약성립의 결격사유 존재

c) to explain the intended meaning's **ambiguity**
서면계약 내용 중 일부의 애매성을 설명하기 위하여

d) UCC1-205 PER의 또다른 예외로서 trade **usage**(trade terminology) 또는 의미를 분명하게 해주는 과거의 거래경력(the meaning of disputed terms)은 인정된다.
Trade usage can contradict or supplement the written K.

3) **PER Not applicable to subsequent transactions**

최종적이고 완전한 의도를 가진 서면계약을 체결하였다 하더라도 당사자들은 그 서면계약을 수정할 수 있는데 그 서면계약의 조건을 다투기 위해 수정된 계약(subsequent K)을 증거로 사용가능

EX. *Mark and Nancy have a complete written employment K. Later,*

Mark and Nancy orally modify the K with M agreeing to pay more and Nancy agreeing to work more hours on duties. The oral evidence is allowed because it arose subsequent to the written K and those modified terms are additional to the existing K.

KM35,36,37

40. Contracting On-line

When one individual makes Ks over the internet, basic rules of K law still apply. 일반 계약법상의 원칙이 전자거래에도 적용된다. M38

D.41. Assignment and Delegation

용어정리

Assignor = Party to K who later transfers rights to another

Assignee = The assignee stands in the shoes of the assignor. The assignee of K rights is entitled to enforce them to the same extent the assignor would have been.

Obligor[채무자] = The other 3rd party to K

Once the obligor has the knowledge of the assignment, he is bound to render performance to the assignee.

권리양도사실을 알았을 경우 채무자는 피양도인에게 조속히 상환할 의무가 있다.

1) Generally in all the K, Assignment of rights[AOR] and Delegation of duties[DOD] are transferable.

대부분의 계약에서 권리와 의무는 제3자에게 이전 가능

※※※ 注意 ※※※

Exception to the AOR and DOD

Mneumonic : **A-D-E -FILIPS- MC → 곤란**

a) An assignment of right is barred if it will substantially/**materially change** the obligor's duty or risk.
의무관련사항이나 위험을 확 바꾸는 권리양도는 곤란

예. *(CL) 작은가게 A와 제조업체 B간 전량 납부계약조건이 있었는데 대형체인점인 C가 A의 권리를 양도받은 경우, A한테 있던 B의 의무(약 20개)가 C(약 5천개)에게로 이전됨으로써 B의 변화가 커지는 경우.*
→(UCC) 만약 수량이 너무 unreasonably disproportionate 하지 않으면 무방하다.

b) contract involving too unique **personal services,** trust or confidences. 계약의 특성상 이전이 불가능한 경우

c) **Factually impossible**:

예. *an assignment of future rights to arise from future contracts*
즉 현재 있지도 않은 계약에 대해서는 미래양도 불가

d) **Legally impossible**

prohibition by law (eg. wage assignment) or by the K provision.
법이나 계약으로 금지

3) No consideration is needed for AOR.

KM39, 40

4) Gratuitous assignments – general rule it is possible to make a gratuitous assignment but they are generally **freely revocable** without any consideration.

일반적으로 AOR에는 consideration이 필요없다. 대신 gratuitous assignment는 자유롭게 취소가능하다.

룰 정리

5) ※※※ Rules of AOR and DOD

An AOR generally extinguish any rights of assignment but a DOD does not relieve the delegator of his duties.

[AOR]

a) The assignee has exclusive right of performance.
Assignment를 하고 난 뒤에는 assignor의 권리는 소멸되고, assignee의 배타적 권리만 남게 된다.

b) If the obligor has notie of assignment, s/he must pay the assignee, not the assignor.
채무자는 assignment에 대한 내용을 알았을 경우 assignor가 아닌 assignee에게 이행하여야 한다.

c) If assignee release obligor, then assignor is also released.
Assignor가 obligor에 대한 권리를 assignee에게 이전하고 난 뒤에 assignee가 obligor를 release하게 되면 assingor의 assignee에 대한 책임도 release가 된다. C35

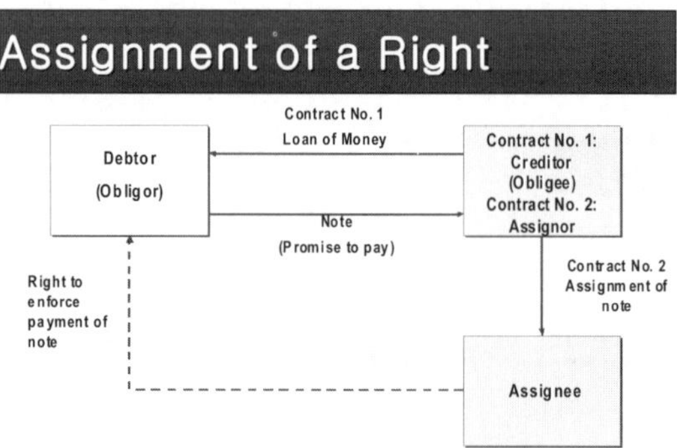

<Les Wiletzky, Power Point Slides to Accompany Business Law, 5th Ed. Henry R. Cheeseman, available at *http://myphliputil.pearsoncmg.com/student/bp_cheeseman_blaw_5/blaw5_ch15. ppt#268,1,슬라이드 1*>

[DOD]

1) **The delegator remains secondarily & personally liable.** → When a duty is delegated to a delegate, the delegator remains liable if the delegatee fails to perform. **Delegation does not relieve the delegator of contract duties or liability for breach.**

   즉 한번 책임지겠다고 한 delegatee는 다른 사람에게 책임을 넘겨도 계속해서 secondarily liable하다.

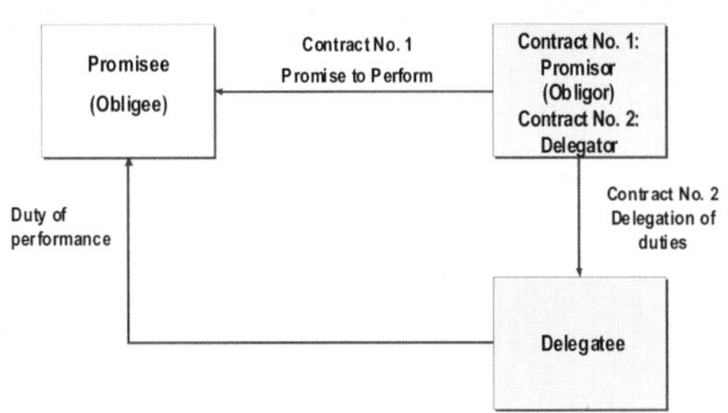

<Les Wiletzky, Power Point Slides to Accompany Business Law, 5th Ed. Henry R. Cheeseman, available at *http://myphliputil.pearsoncmg.com/student/bp_cheeseman_blaw_5/blaw5_ch15. ppt#268,1,슬라이드 1*>

2) 예외: Novation occurs when one of the original parties to the K is released and a new party is substituted in his or her position. Novation requires consent of all the three parties.

Novation(계약갱신)은 delegator를 의무에서 벗어나게 하고, delegatee만이 의무를 지게 되는데 delegator, delegatee, the 3P의 동의가 필요하다. KM41, 44

E. 42. Third-Party Beneficiary [3PB] Charts

용어정리

1) **Intended beneficiary : the one whom the contracting parties intended to give rights when signing the K.**

Only intended beneficiary can maintain an action against contracting parties for nonperformance.

EX. *Susan and Tom enter into a K for Susan to sell and Tom to buy Susan's car. The K provides that Tom is to pay the price to Susan's son as a wedding present. In such a case, Susan's son is an intended 3PB.*

2) Intended beneficiaries are classified as creditor beneficiary: a debtor contracts with second party to pay the debt owed to creditor.
채무자가 채권자에 대한 채무를 변제하기 위하여 제3자와 계약을 체결하면서 채무자가 받을 수 있는 대가를 채권자에게 지급하도록 함으로써, 채권자는 제3자로부터 어떤 대가를 지급받을 수 있는 권리를 갖게 된다.

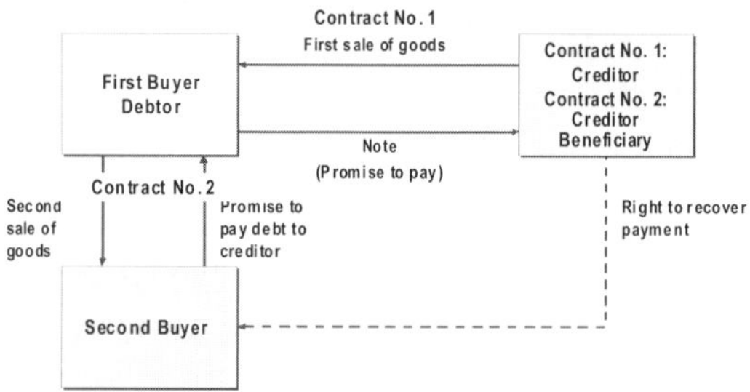

<Les Wiletzky, Power Point Slides to Accompany Business Law, 5th Ed. Henry R. Cheeseman, available at http://myphliputil.pearsoncmg.com/student/bp_cheeseman_blaw_5/ blaw5_ch15.ppt#268,1, 슬라이드 1>

donee beneficiary: 계약의 일방당사자(promisor)가 donee beneficiary에 재화나 서비스를 공급하기로 약속하고, 그 대가는 계약의 상대방인 promisee에게 지급하기로 계약하면 donee beneficiary는 promisor로부터 계약에서 정한 재화나 service를 받을 수 있는 권리를 갖게 된다.

Donee beneficiary can proceed against the promior only.

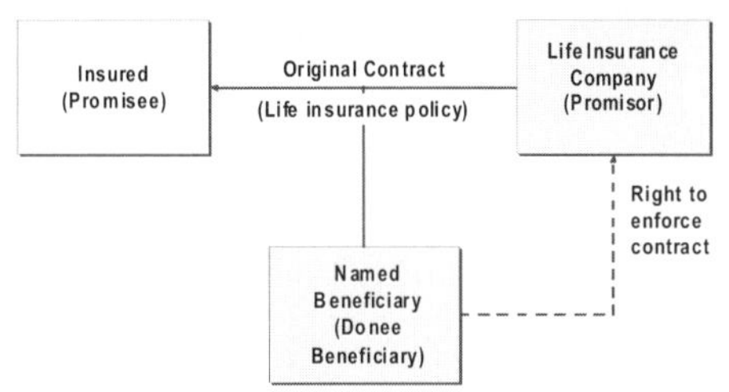

<Les Wiletzky, Power Point Slides to Accompany Business Law, 5th Ed. Henry R. Cheeseman, available at http://myphliputil.pearsoncmg.com/student/bp_cheeseman_blaw_5/ blaw5_ch15.ppt#268,1, 슬라이드 1>

3) **Incidental 3PB** (windfall receiver): no rights under the K.
계약에서 의도되지 않고 우연히 사실상 이익을 보게 되는 자로 계약상의 권리를 취득하는 것은 아니다.

4) The rights of the 3PB become vested when the third party assents(同意) in a manner requested by the parties, detrimentally relies(依存) on the contract, or brings a lawsuit(訴訟) to enforce it.
(同依訴→ 제3자권리 확정된다) KM42,43,45,46

F. 43. Performance

duty to perform may depend upon a condition.

1) condition precedent[선행조건]

조건이 성취되어야 계약상의 권리와 의무가 발생

EX. *Baker agrees to plant trees on a specified land once Carl removes the old waste boxes from the land.*

2) condition subsequent[후행조건]

조건이 성취되면 권리와 의무가 소멸되거나 변경된다.

EX. *Margaret agrees to rent Natham a certain home until Margaret finds a buyer. KM48.*

3) **Substantial performance doctrine** [실질적 이행원칙]

a) If there has been GF effort to comply with the K and there has been substantial performance, then the performance is satified although the deviations are minor breach of the K.

계약의 일방 당사자가 중요하지 않은 계약부분을 위반하였더라도 신의성실원칙에 입각하여 계약의 중요한 본질적인 부분을 이행하여 계약의 원래목적을 달성하였다면 그 당사자는 상대방에게 계약을 이행하라고 할 수 있다는 원칙.

b) works only to excuse buildings & CONSTRUCTION Ks.

건설관련 계약에서만 적용되는 원칙

KM47,53

c) UCC won't accept substantial performance — exact performance is required.

UCC에서는 실질적 이행원칙이 적용되지 않으며 exact performance가 요구된다.

G. 44. Discharge of Contract

Mneumonic : **DOC- BOK- ARE - MNA- AS - SOCC**

1) **by agreement** [MNA]

a) both parties may **mutually agree** to rescind K.

계약의 합의해제: 계약을 해제하면 당사자들은 원상회복의무를 부담한다.

b) **novation** [更契, 계약당사자 갱신]: an agreement between both parties to an existing K to the substitution of a new party. It excuses the contracted performance of the party who is replaced.

EX. *Tom purchases Jane's land and assumes her mortgage with the Bank. Jane, the original mortgagor, is still liable unless a novation has occurred.*

EX. *Susan contracts to build a house for John, but then gets a more profitable job to construct a building for Tom.*
Susan asks John if it is okay to substitute Jack to build the house. The parties agree to substitute Jack and release Susan. ➔ *novation.*

c) **Accord and Satisfaction** [대물변제]
a mutual consent to discharge the obligation and fulfillment of the legal consideration which binds the parties to the agreement. For example, a satisfaction agreed upon between a debtor and payee
KM51

2) by **Objectively Serious Changes of Circumstances**— by performance becoming objectively illegal or impossible.
이행이 객관적으로 불가능해지거나 불법이 되는 경우

※ But mere fact of performance becoming more costly or less profitable does not excuse performance.
그러나 약간 비용부담이 많아지거나 수익성이 떨어진다고 해서 계약이행을 중단해서는 안된다.
KM18, 56

3) By Breach of K[BOK]
계약의 일방이 계약을 위반한 경우 상대방은 계약상의 의무를 면하

게 된다. KM49

4) Anticipatory Repudiation(anticipatory breach)先行的 履行拒絶 v.s. Prospective inability to perform(못해낼 것 같은 꼬라지)

AR is a statement that the repudiating party will not perform made prior to the time that performance was due.

Mneumonic : **AR PU 스? UGINDAA**

A is **Anticipatory**
R is **repudiation**
P is **positive**
U is **unequivocal**
UGIN is **upon the ground of insecurity**
DAA is **demand adequate assurance**

※ (1) The AR must be **positive and unequivocal**. An expression as to future inability to perform is not breach by repudiation.
확정적인 의사표시(express and unequivocal indication)가 아니고, 막연하게 돈을 더 올려달란다거나 하는 경우에는 AR이 성립 안된다

EX. *집짓기로 계약해서 진행중에 건축업자가 비용을 더 올려달라고 하는 것은 merely asked for more money for its performance .*

※ (2) Remedy for AR under the CL: 일반적인 계약위반으로 보아 상대방(aggrieved party)은 계약을 즉시 취소하거나, 손해배상을 청구하거나, 합리적 기간동안 이행을 거절한 자가 마음을 바꾸는 것을 기다리는 방법이 있다.

EX. *John agrees to convey and Mary agrees to pay for the land on April 1st. On Feb 1, Mary learns that John has already sold the land to Tom. Mary can sue before April 1st, or she may wait and sue on April 1st.*

※ (3) Remedy for AR under the UCC: Upon the ground of insecurity, the aggrieved party may demand adequate assurance.
AR이 확실해서 불안할 경우 확고한 이행보장(adequate assurance)을 요구할 수 있다

※ KM55, A2-12과 SM42,43,45을 비교해 보라.

H. 45. Remedies

1) **Money damages**(compensatory damages손해배상)

a) **Foreseeable damages** 예측가능한 손해

b) **Mitigation duty**: Non-breaching party has a duty to mitigate the damages.

EX. *Jack contracts to fix Mary's car. After Jack begins work, Mary breaches and says "Stop." Jack cannot continue to work and incur more costs, for example by putting in more parts and labor.*

2) **Punitive damages** [징벌적 손해배상] are generally not allowed in K law. 고의적 불법행위에만 적용되고 계약법에서는 일반적으로 적용하지 않는다.

3) **Liquidated damages** [손해배상액의 약정]

a) Agreed-upon provision in a K to set the amount of damages in advance if breach occurs.
계약위반에 대비하여 손해배상액을 상호합의에 의하여 미리 계약서에 정해두는 것.

b) Not enforceable if punitive
징벌적 약정조항은 적용곤란하다. 손해배상액은 합리적인 수준에 한하여야 한다. KM52, 54

c) For the sale of goods under UCC, if K has no provision for liquidated damages, seller may retain deposit up to $500 when defaults. SM36

I. 46. Statute of Limitation[SOL제소기간의 경과=소멸시효]

1) Bars suits if not brought within statutory period.
SOL 이란 법정기간 내에 소송을 제기하지 않으면 그 이후로는 소송을 제기할 수 없도록 하는 것

2) SOL begins to run from the time when the cause of action (e.g. breach) accrues.
계약위반이 발생하는 순간부터 SOL이 적용된다. KM57

note

note

출제빈도 높음

A1. contracts for the sales of goods

1) 상품(goods)매매계약에서는 UCC 2조가 적용되는 것을 원칙으로 하며 UCC에 정해진 바가 없으면 CL이 적용된다.

※※ CL generally applies to Ks for services and land transactions. SM5

2) goods= tangible and movable property[有形動産].

※※ do not include sales of investment securities, accounts receivable, K rights, artworks, copyrights, or patents.
유가증권, 어음, 계약상의 권리, 예술작품, 저작권, 특허 등은 UCC 가 적용되지 않는다.

2. Under CL, an Offer shall be **definite and clear** about **STOPPP**[subject matter, time of performance, price, and participants].

Under UCC, however, open terms[missing terms] OK.
계약이행기간이 분명하게 명시되지 않아도 된다.
⇨ **definite and certain**요건이 없어진다.

Under UCC, open delivery(D), open price(P), open time[T, duration] ok, only if supported by good faith.
즉 DPT가 명시되지 않아도 계약이 성립될 수 있다.
M1, SM4,9를 비교해 보라.

3. Merchant

1) A Merchant is defined as someone who

> **A Merchant is defined as someone who**
> ① regularly deals in goods of the kind at issue
> ② holds out to have special knowledge about the goods.
> 상인이란 특정상품을 정기적으로 취급하고, 해당상품에 대해 전문지식을 갖고 있다고 내세우는 사람이다.

2) UCC applies whether the sale is between consumers or merchants. But be always careful about the deals involving merchants.
일반적으로 상품에 관한 거래는 UCC가 적용되는 것이 원칙이나, 상인에 관한 거래는 예외조항이 많으므로 주의를 요한다. SM4, 5

3) **Irrevocable Merchant's Firm Offer** (IMFO Rule, UCC2-205): Offer for sale of goods cannot be revoked for a reasonable time up to 3 months, if supported by signed written promise "to keep offer open" by a merchant.

An offer by

① **merchant** to buy or sell
② **goods** in a
③ **signed** writing which by its terms give
④ **assurance** that it will be held **open**
⑤ **revocation is impossible** for lack of consideration.
➔ binding even without consideration ※※※※

Merchant가 상품매매에 대하여 서명된 문서로 offer를 하면서 일정기간 동안 청약이 유효하다고 명시하는 경우에는 그 기간 동안(3개월 이내)에는 청약을 철회할 수 없다.

Mneumonic: **IMFO주제에 M-G- S- A- O-R I?**

SM2, 11, A3-11

CL option K 상인들간이 아니고, goods도 아니고 consideration이 없다면 취소 안 하겠다고 했어도 취소가능	Unenforceable without consideration ➔ revocable (the language does not prevent the promisor from revoking the offer)
IMFO	Enforceable without consideration. ➔ irrevocable

4. **Acceptance**

1) **additional terms to K**

<Mirror Image Rule v.s. Additional Terms>

a) In the **mirror image rule[CL]**- additional words kill the K.
CL에서는 mirror image rule에 따라 추가조건이 있으면 계약이 소멸된다.

b) Under UCC 2-207, for the sale of goods among the merchants, additional terms in the acceptance are included in the contract unless

(1) the additional terms are **material change**

(2) the offer **expressly limits** acceptance to the terms of the offer

(3) the offeror objects within a **reasonable time.**

UCC에서는 원래 original offer와 약간 달라도 상인들끼리의 sale of goods에 관한 것이라면 심각한 변화, 명백한 조건제한, 합리적 시간내에 이루어지진 것이라면 추가조건을 허용한다.

<MBR v.s. SSR Methods>

c) Mail box rule[CL]—발송주의

d) If acceptance is made by **specific method** in the offer or the **same method** used by the offeror, the acceptance is valid when sent under the CL. Acceptance is also valid when dispatched if **reasonable method** used in the UCC.

Offeror가 정한 구체적 방법이나 Offeror가 정한 동일한 방법으로 acceptance를 하거나 UCC상의 합리적인 방법이라면 유효.

KM7, SM1, 6

5. Nonconforming Goods ※※※※

1) Perfect Tender Rule: Under the CL, perfect tender is required[Mirror image rule].

CL에서는 완전일치 원칙

Under the UCC, the general rule also requires perfect tender if among non-merchants.

상인간이 아닌 일반인의 경우에도 완전일치 원칙

If seller sends[ships] **<u>nonconforming goods</u>**, acceptance & breach[general rule]

불일치 상품을 보내면 발송과 동시에 계약성립 → 수령 및 계약위반

→ 일반인이 주문한 것이라면 거부가능. 즉 must가 아니고 may reject가 된다.

→ 상인들 간에는 additional terms는 must accept이다.

2) K modification ※※※

a) Under the CL, new consideration is required on both sides for modification.

b) Under the UCC, good faith is required for modification without consideration.
UCC에서는 consideration이 없더라도 GF만 있으면 가능하다. A3-11

c) 기본적으로 상품판매에 관한 계약수정은 형식에 별로 구애받지 않는다.

예 1. *볼펜 500자루를 보험업자 전국대회에 납품하기로 했는데 사정상 400자루만 납품하기로 서로 구두로 합의한 경우*

d) UCC2-209: If the original K must have been in writing, then the modification **must** also be in writing.

※ 主意 ※
2-209: 만일 원래의 계약이 서면으로 되어 있다면, 계약내용의 수정도 서면으로 이루어져야 한다.

※ 흔히 "전화로 수정하기로 동의했다(agreed to modify by telephone)" 나 "구두로 수정하기로 동의했다(orally agreed to modify)" 등의 문구를 넣어 오답을 유도하므로 주의할 것 A1-13

3) **Cure**

a Seller who fails to make a perfect tender will be given an option of curing .

2 situations

(a) time for performance has not yet expired – seller is not obligated to try again but may cure to avoid being sued for breach (만기전에 위반사실이 발견된 경우).

(b) time for performance has expired in limitd situation.→a Seller has an option of curing even after the K delivery date (만기이후에라도 특별히 cure를 해주어야 할 사정이 있는 경우).

1) The rule of perfect tender is softened by the rules allowing the S to cure the defect by giving reasonable notice of an intention to cure and making a new tender of conforming goods within the time originally provided for performance. (고치겠다는 의향을 전달해야 한다, 약속기일내에 고치겠다는 의향을 전달 안하면 계약위반이다).

2) Where the buyer rejects a tender that the Seller reasonably believed would be acceptable with or without money allowance, the Seller, upon reasonable notification to the buyer, has a further reasonable time beyond the original K time within which to make a conforming tender.

(고칠 합리적인 시간을 가질 권리가 생겨난다→고칠시간을 줘야 한다) → Therefore the buyer may reject the goods delivered, but s/he MUST give the seller an opportunity to cure.

☞☞☞ 다가오는 일요일 오후 3시에 라면 파티가 있을 예정이어서 1시까지 농심라면 1,000개를 배달해주면 1,000달러 주겠다고 식당주인 A가 슈퍼마켓 주인 B에게 연락한 경우

① *B가 배달업자 C를 시켜서 농심라면 700개와 삼양라면 300개를 배달*⇒A는 reject한 후 breach로 B를 sue할 수 있나? ⇒Yes! B의 행위는 acceptance and breach

② *B가 배달업자 C를 시켜서 농심라면 700개와 삼양라면 300개를 배달하면서 쪽지를 보냄. "농심라면 재고가 부족해서 삼양라면 300개를 대신 보내니, 이를 대신 받으면 좋겠다. 가격은 동일하다."*

⇒ A는 reject한 후 breach로 B를 sue할 수 있나?

⇒ No! B의 행위는 counteroffer

⇒ A는 accept하거나 reject할 수 있다. reject하더라도 no additional remedy

※ 상기 두가지 사례의 차이점을 잘 알고 있어야 한다. Offer에 명시된 것과는 다른 wrong good을 shipment한 경우,

☞ 아무런 설명없이 wrong good을 shipment했다면 offer에 대한 acceptance와 동시에 성립된 계약조건에 관한 breach가 된다 (상기 첫번째 사례).

☞ 관련하여, 위 사례에서와 같이 농심라면 700개와 삼양라면300개를 배달한 경우, 농심라면 700개에 대하여는 정당한 계약이행이 성립하는가? No, 전체에 대한 breach 성립.

※※※ nonconforming goods 물건보내기 전에 사전통보를 미리하는 경우 ➔ counteroffer

※※※ 통보와 함께 동시에 물건발송➔counteroffer

※※※통보없이 물건발송➔acceptance and breach

SM3,8

B6. Product Liability

1) Warranties of Title

a) Seller warrants good title, rightful transfer, and freedom from any security interest , infringement, or lien about which the buyer has no knowledge or has no reason to know.

매도인이 상품을 판매할 경우 유효한 소유권**(good title)**, 정당한 이전**(rightful transfer)**이 가능하며, 담보나 법률위반 등에 걸리지 않는다는 것[즉 **buyer**가 알지 못하는 불법사항은 없다]을 warrant해야 함.

b) can not be disclaimed only by specific language such as "as is."
"as is" 등과 같은 용어로 warranty of title의무를 피해갈 수 없다.

2) Express warranty (written or oral)

a) an **affirmation of fact or promise** made
b) by the seller to the buyer
c) relating to the goods that
d) becomes part of the **basis of the bargain** (UCC2-313)

(1) ※ sales talks, puffing, or sales opinion do not create warranty.
상인들의 과장광고는 해당되지 않는다.
A1-12

(2) ※ does not require buyer's reliance
Buyer가 굳이 믿고 의존하지 않아도 된다.

(3) ※ intent to create warranty does not matter.
Intent는 warranty와는 상관없다.

(4) Seller may be a merchant or non-merchant.
판매자는 상인일 수도 아닐 수도 있다.
SM13,14,16

3) Implied Warranty
[발생요건: seller가 merchant이어야 한다]

a) Implied Warranty of merchantability for general ordinary purpose

The seller who are also merchants guarantee that goods are fit for ordinary purpose and that goods are properly packaged and labled.
상인이 제품이 만들어진 통상적인 목적에 부합하고, 제대로 포장 및 레이블이 되었다는 warranty.

b) Implied Warranty of Fitness for particular purpose

The seller knows of the particular purpose for which the goods are required and further knows that the buyer relies on his skills and knowoldge.
판매자가 제품이 판매되는 목적을 정확히 알고 있고, 특히 상대방이 자신의 기술과 지식에 의존하고 있다는 것을 아는 경우
SM 15,17,18,19

EX. *When Jennifer went to Sherwin-Williams Painter's shop, she asked John, the salesperson in the shop, to select a paint that would protect the dining table from getting wet on a rainy day.*

c) can be extended to a buyer's family and also guests in the hom who may be reasonably expected to use and/or be affected by the goods and who are injured.

예. *딸의 집에 놀러간 친정어머니가 식기세척기를 사용하던 중에 오작동으로 인하여 고급영국산 식기가 모두 깨져버린 경우 친정어머니도 식기세척기 seller를 상대로 소송제기 가능하다.*

7. Disclaimer(담보책임의 면책조항)

1) warranty of title → can be disclaimed only by specific language, but cannot e disclaimed by the term "as is."

예. *Seller가 $500짜리 물건을 buyer에게 "hot stuff"이라면서 $10에 팔 경우(즉, 훔친 것임을 암시) 이런 내용을 서면으로 설명해둘 경우 → seller는 warranty of title 책임을 지지 못한다.*

2) Express Warranty

a) "as is" 또는 " with faults" 등의 흠결을 나타내는 문구를 그대로 두고 판매해도 가능함.

예. 광고에서 실제물품은 샘플과 약간 다를 수도 있습니다.

b) 서면이나 구두(written or oral)로도 가능함.

c) buyer's inspecton opportunity이 있었는지, 혹은 검사권한을 포기한 적이 있었는지 여부도 담보책임의 기준이 된다.

3) Limitations on consequential damages for personal injuries are presumed to be unconscionable if consumer goods.
만약 소비제품을 사용하다가 다친 것(personal injuries)에 대해 제조회사가 면책을 주장하려 하거나 자신들의 책임한계를 제한하려 하는 것은 unconscionable하므로 무효이다. SM44

8. Negligence

1) **elements**

a) Duty of reasonable **care** [합리적인 주의의무]
b) Breach of the **duty**[의무위반] → insufficient instruction
c) Damages or **injuries**[손해 또는 상해]
d) **Causation**[인과관계]

2) **Privity of K is not required** because the suit is not based on the K. (Torts상의 negligence책임을 묻게 될 때 직접적인 계약상의 privity는 불필요하다.)

용어설명

One sure sign of the personal nature of contracts is that no one but one of the parties can go to court and enforce the contract even if the contract was to operate to a third party's benefit. This is known as the "privity of contract" rule.

Today, however, if you buy a toaster and it blows up, your injured neighbor who is over for breakfast can sue the manufacturer, though she is not in privity of contract with the manufacturer.

3) Defense to Negligence Charges

The two most common defense in a N actions are contributory N and assumption of risk.

a) contributory N where Plaintiff is totally barred since he helped

cause accident.
[기여과실] 원고도 잘못이 있어 사고유발에 도움이 되었을 경우, 보상 못받는다는 원칙

b) **Comparative N** – if P is guilty of any fault jury assigns percentages.
[비교과실] 원고의 잘못이 일부 있어도 비례책임을 묻는 원칙

c) **assumption of risk** – P had knowledge of risk & encountered it voluntarily. [위험감수].

예. *사고율이 높다는 것을 알면서도 특정제품을 사는 경우*

Point ※※※

9. Strict Liability

1) 엄격책임의 대상

원래는 ultrahazardous activity(예. 폭약, 독극물 등)과 inherently vicious animal(예. 맹견) 과 서비스업종인 Common carrier(운송업자 see PM6**), innkeeper(숙박업자)** 등이 고객의 물건에 입힌 손해에 대해 예외적으로 인정했으나 최근 들어 **제조물제조업자(manufacturer)와 판매업자(commercial distributor)**에게도 그 범위가 확대되어 고객보호에 치중.

2) Common carriers are allowed to limit liability to dollar amount specified in the K.
운송업자는 엄격책임의 대상이 되기는 하지만 **자신의 책임한도를 계약서에 정할 수 있다.**

3) Elements of SL

a) **strict duty applicable by the operation of law to sellers,**

manufacturers, lessor, etc.

① 제조업자,판매자, 리스업자 등에게
② 법규에 의해 부과되는 엄격한 의무

b) **Breach of such duty:**

products were ① **defective when sold** and the product ② **reached the consumer without serious changes.** (제품이 판매되는 순간부터 이미 defective한 상태이었으며 심각한 변경상태 없이 소비자에게 도달.)

c) **Actual and proximate causation of Plaintiff's injuries**
인과관계

d) **Damages to the P's person or property**

The defect was unreasonably dangerous to the Plaintiff for design defect, manufacturing defect, & inadequate warning defect.
디자인, 제조, 경고상의 defect를 이유

Q.

McDonald 가게에서 뜨거운 커피를 쏟아 화상을 입은 할머니가 McDonald가게를 상대로 소송을 제기한 사건은 SL요건에 충족될까?

A.

McDonalds had a "reasonable and customary" responsibility to provide safe products. In this case, a liquid that is not so hot that it can cause life-threatening injuries (if she drank coffee that hot, it could have caused death). McDonald's breached that duty be heating their coffee to a high temperature. The coffee temperature, as it was served, directly caused that amount of damage. The damages were actual: 2nd & 3rd degree burns to the legs & groin.

Point ※※※

e) Defense to SL

SL로 문제를 제기하면, negligence(comparative negligence, contributory negligence), disclaimer 등은 해당사항 없으니 답안에서 먼저 지우고 다른 답안을 찾아보라. 그러나 Assumption of risk와 product misuse 등은 defense가 될 수 있다.

SM20,21,22,23,35

C. 10. Transfer of Property Rights

1) Good faith purchaser for value

If a party having voidable title transfers goods to a good faith purchaser for value, the latter obtains good title.

돈을 제대로 지불한(for value) 선의의 구매자(good faith purchaser)는 voidable title을 취득한 경우에도 유효한 소유권(good title)을 취득가능.

2) examples of **voidable title**

a) goods paid for with a check subsequently dishonored

b) goods obtained by fraud, mistake, duress, or undue influence

c) goods obtained from minors.

d) Stolen product's owner(e.g. thief) does not have a voidable title, but void title.

※ SM24과 STM27, 28을 비교해 보라

11. Entrustment(위탁)

1) If a person entrusts possession of goods to a merchant, who deals in the same goods, a good-faith purchaser for value obtains title to these goods, unless there s/he has a knowledge or a

reason to know that this merchant does not own the goods.

만일 특정해당상품을 취급하는 상인에게 어떤 사람이 물건을 위탁하였다면, good-faith에 입각하여 정당한 가격을 지불하고 산 사람은 해당 물건에 대한 title을 갖게 된다. 단, 선의의 구매자가 해당 상품이 그 상인의 것이 아니라는 것을 알았거나, 알 만한 이유가 있을 때는 예외로 한다.

2) The person who entrusted the goods to the merchant can recover only monetary damages from the merchant.
또한 그 물건을 위탁한 원소유주(original owner)는 상인으로부터 금전적인 손해배상만 청구가능하다. SM25

12. Passage of Title through confirmation of existence and identification

1) Passage of title cannot take place until goods exist and have been identified. (있지도 않은 물건을 팔수는 없다.)

예. *시나리오 극작가 A는 앞으로 3년뒤 공상과학 소설을 쓰기로 결심했는데 이를 들은 TOY 제작사에서 A의 소설이 완성된 뒤 1년 이내에 소설에 근거한 장난감 로보트를 만들기로 결정함.*

한편 TOY 제작사는 TOYS' RUS 장난감 백화점에 장난감 로보트를 미리 입도선매 하지 않겠냐며 돈을 받을 경우 장난감 로보트의 title은?
➔ 장난감이 완성되어 생겨날 때까지 Passage of title이 이루어지지 않는다➔ 또한 장난감 로보트가 다 제작되어 탄생될 때까지는 TOY 제작사는 돈 받을 권리를 제3자에게 이전양도할 수도 없다. ➔an assignment of future rights to arise from future contracts[즉 현재 있지도 않은 계약에 대해서는 미래양도 불가]
SM26

2) Whether justified or not, if a buyer rejects the goods shipped or if a buyer makes a justified revocation of acceptance, the title reverts to the seller.

정당한 이유로 거부한 게 받아들여지면 또는 Buyer가 수령을 거부하면 정당성여부를 떠나 물건의 title은 Seller에게 되돌아간다.

SM28

D.13. Risk of Loss(손실부담) ※※※※

Risk of Loss arise after the K has been performed but before Buyer receives the goods, the goods are damaged or destroyed & neither the Buyer or the Seller is to blame.

계약이행과정에서 buyer가 물건을 인수하기 전에 물건이 손상(damages)되었고, buyer나 seller 모두 책임이 없을 경우, 누가 손실(loss)을 부담해야 하는가에 관한 문제이다.

※ 注意 ※

Risk of loss(손실부담)을 누가 질 것인가 하는 문제는 물건에 대한 title과는 무관하다. Breach가 일어났는지 안 일어났는지가 중요하다. A3-12

※※※ Mitigating Duty만일 물품전달을 by train으로 하기로 계약을 했는데 철도종사자들의 총파업으로 인하여 seller가 트럭으로 물건을 전달할 경우 이를 buyer는 거부할 수 없다. 또한 seller는 철도총파업을 이유로 가만히 앉아있어서는 안된다.

1) ※※※ FOB Contracts

<u>a) FOB seller's place of business or FOB Shipping Point</u>→

if the seller ship the goods in the manner provided in section

2-504 and bear the expense and risk of putting them into the possession of the carrier, **the risk in such a case passes to the buyer when** the goods are duly **delivered to the carrier.**

FOB판매자 주소 조건에서는 매도자가 운송기관(carrier)에게만 물건을 가져다 주면 그 다음은 buyer책임이다. 즉 제조업체가 물건을 만들어 선박에 싣기만 하면, 설령 배가 난파되어도 매수인 책임이다.

b) **FOB buyer's place of business or FOB Destination Point**-
→the seller is responsible at his own risk and expense for tendering conforming goods to the buyer at the named destination in the K.➔

The risk of loss does not pass until the goods are tendered to the buyer at the named destination.

FOB매수인 주소 조건에서는 매도자가 목적지에 있는 매수인의 주소에까지 상품을 안전하게 전달해야만 한다. 즉, 제조업체가 물건을 만들어 선박에 실어보낸 뒤 난파되면 제조업체가 책임을 져야 한다.

SM27, 33, 35,

2) **If** shipping terms are **not specified**, then the seller generally discharges his obligation to the buyer only if the seller **make the conforming goods available to the buyer's disposition** and giving the buyer the reasonable notice to enable the buyer to take possession and accepts.

선적방법이 명시되어있지 않은 경우 conforming goods를 buyer가 가져갈 수 있도록 준비한 다음 이 사실을 적절하게 통지만 하면 매도인의 의무는 소멸된다. SM37

3) Non-Carrier Case

(1) agreement of the parties controls
별도의 합의문이 있는지 여부를 확인하고,

(2) ROL pases upon delivery of document of title.
소유권을 나타내는 문서(document of title)가 있는 경우, 문서양도가 이루어질 때 ROL도 따라간다.

(3) breach - breaching party is liable for any uninsured loss even though breach is unrelated to the problem
잘못한 측이 책임을 져야 한다. ※※

(4) Merchant or No-Merchant ※※

a) ROL shifts from a merchant seller to the Buyer on the Buyer's receipt of goods.
상인이 물건을 팔 경우 매입자가 확실히 물건을 잡아야**(physical possession)** 손실위험이 이전이 된다.

b) If non-merchant Seller, ROL shifts when he tenders the goods. Tender meaning Seller has made the goods available to the Buyer.(UCC2-319)
상인이 아닌 사람이 물건을 팔 경우, 매도인이 판매를 하는 시점(made available)에 ROL이 이전된다.

※ "made available"이라는 용어 대신 "tendered delivery" 등의 용어를 사용하기도 하므로 주의할 것
SM31,32,34, A1-11

(5) **Sale or return contract(SORK)§ 2-326**

Under the UCC where delivered goods may be returned by the seller even though they conform to the K.

The transaction is a sale or return K if the goods are delivered primarily for resale. (주목적이 매수인이 다른 고객에게 되파는 것(resale)이면 팔다가 다 못팔 경우 매도인에게 반환가능)➔

The **ROL passes to the buyer after s/he takes delivery.** If the goods are returned to the seller, the risk remains on the buyer while the goods are in transit.(매도인에게 반환되는 동안 매수인이 위험부담.)

Sale on approval contract (SOAK)§ 2-326

Goods held on approval are not subject to the claims of the buyer's creditors until acceptance: (Seller는 잠재적인 매수인에게 상품을 보내고 이를 매수인이 사용해본 뒤 마음에 들지 않으면 반환할 수 있는 계약.) ➔

The ROL on seller until Buyer accepts the goods.
매수인이 물건을 **accept**할 때까지 **seller**책임이다.
SM30, 37

4) ※※ **Cash against Delivery or collection against delivery** (COD) 현금박치기 거래

Buyer has **no right to inspect** the goods until payment is made. Buyer has **the right to reject the nonconforming goods** after the payment.

COD조건으로 물품을 매입한 자는 대금을 지급하기 전에는 상품을 검사하거나 인도받을 수 없지만, 만일 대금지불하고 상품인수한 뒤 nonconforming goods인 것이 밝혀질 경우 수령을 거절할 수 있다.

SM29,46

5) **UN Convention for the International Sales of Goods**
국제상품거래에 관한 UN 협약에 따르면, 매도인이 운송을 위해 첫 번째 운송업자(first carrier)에게 상품을 인도하는 순간 ROL이 매수인에게 이전된다.
SM46

14. SOL[statute of limitation, 소멸시효]

Mneumonic: **1<SOL-BOK<4**

1) **SOL for sale of goods is 4 years** and any action for breach must be commenced within this period.
법정기간이 4년 이내에 소송을 제기하지 않으면 그 이후로는 소송을 제기할 수 없다. 4년 내에 소송을 시작하기만 하면 되고, 소송이 4년 내에 종료될 필요는 없다.

2) **SOL begins running when the BOK**(breach of the contract) occurs.
계약위반이 되는 순간부터 SOL은 적용된다. ➔ 계약위반을 발견하는 순간이 아니라는(Not the discovery of breach) 점에서 주의할 것 ※

3) Parties may agree to reduce **not less than one year,** but may not extend it over four years.
SOL을 합의에 의해 4년 이하로 줄일 수는 있지만 1년 미만으로는 줄일 수 없고, 4년 이상으로 연장할 수도 없다.

※ KM57과 SM47을 비교해 보라.

E.15. Remedis ※※※※

a) Seller's Remedies

1) **Right to cure** the nonconformity: nonconformity에 대한 치유권을 seller는 갖고 있으며 nonconformity란 매도인이 이행한 상품이 계약내용과 차이가 있는 것

A2-11

b) Cure of the nonconformng goods must be made within **the reasonable period of time within original time of the K.** nonconforming goods의 cure는 원계약기간 중의 합리적 시간 내에 이루어져야 한다.

c) **Notice requirement(통보의무)**: Seller must notify the buyer of his intent to cure.
Seller는 cure하겠다는 의향을 buyer에게 밝혀야 한다.

d) A buyer cannot cancel the entire K because of a defect in one installment if the defect can be cured.
납품계약이 있을 경우 일부 품목이 잘못 전달되었다고 해서 Seller가 cure 가능한데도 buyer가 전 품목을 반환하려고 하는 것은 곤란하다.

EX. *Forest Products v. White Lumber Sales :a deviation in plywood thickness does not substantially impair the value of whole K. Nonconformity could be cured by a price adjustment.*

SM40

2) **Damage Rules for Sale of Goods** – Who breached & who has the goods & whether or not, resale is possible

a) seller's damages with resale =incidental damages+ the difference between the resale price and the K price
매수인이 상품을 수령하기 전에 부당하게 상품수령을 거부하거나 매도인의 계약이행 시작 전에 계약을 위반한 경우, 매도인은 제3자에게 재판매(resale)하고 부대비용(incidental damages)과 함께 재판매가격과 계약가격 간의 차액을 보상받을 수 있다.

b) 만일 resale을 한다면 **commercially reasonable**한 방법을 사용해야 하고, public sale과 **private sale**이 가능한데 특히 private sale을 할 경우에는 매수인에게 반드시 통지해야 하는 의무 **(notice requirement)**가 있다.

c) Seller's damages without resale

(1) **the difference between the market price at the time of tender and K price + incidental damages minus expenses saved due to the buyer's breach.** 만일 buyer가 물건의 인수거절 또는 계약자체를 부인하면 이행의 제공시점의 시장가격(market price at the time of tender)과 계약가격 간의 차액에 부대비용(incidental damages)을 더하고, buyer의 계약위반에 따라 절약된 비용을 차감한 금액을 받을 수 있다.

(2) Consequential damages[간접적 손해]

(a) Seller generally cannot recover consequential damages.
매도인은 일반적으로 간접적 손해비용을 받을 수 없으나, 예외적으로 매도인이 volume seller로 인정될 경우 또는 유사한 상화의 겨우, 계약위반으로 상실된 이익(lost profit)을 간접적 손해로서 인정받을 수 있다.

예. *A 전자제품가게에서 Buyer로부터 계약금 $300 받고 $2,500짜리 위키토키 주문을 받았는데 일본공장에서 갖고오는 원금은 $1,000일 경우→ the amount of the difference between the market price and the production cost and reasonable overhead and incidential cost를 받을 수 있다.➔ because under the circumstances, the lost profit is the only measure of damages.*

(3) **The seller can recover the full K price**

Mneumonic: **A STUD deserves Full K Price**

Seller가 계약액 전액을 보상받는 경우는 다음과 같다

(a) when the buyer **accepted** the goods
매수인이 계약의 대상물을 인수한 경우

(b) Conforming goods are destroyed **after the ROL had transfered to the buyer.**
위험부담이 buyer에게 넘어간 뒤에 상품이 손상된 경우

(c) the seller is **unable to resell** the identified goods.
재판매가 불가능한 경우

(d) The seller has a right to **stop the delivery.**
buyer가 계약 자체를 부인하거나 위반하였을 경우 seller는 상품 인도를 중지할 수 있는 권리

SM38,40,41

3) **Buyer's Remedies**

Mneumonic : **B+A+ R+R+A+C+S**

a) **Acceptance of Nonconforming goods** (수령)

Buyer may accept nonconforming goods. In such a case, buyer must pay the K price, but may still recover damages.

계약서 내용과 일치하지 않는 상품이라도 buyer는 수령가능하며 그 경우 차액을 배상받을 수 있다.

➔ 즉, 계약내용과 일치하지 않는 상품을 받았다고 해서 buyer가 손해배상청구권까지 포기하는 것은 아니다.

b) Rejection(수령거절)

(1) A buyer **may reject** nonconforming goods.
매수인은 nonconforming goods를 거절할 수 있다.

(2) Buyer has a duty of care after rejection.(매수인의 보관주의 의무)

(a) A buyer must care for goods until returned.
돌려줄 때까지 매수인이 상품을 잘 보관해야 할 의무가 있다.

(b) If goods are perishable or threatened with decline in value, buyer must make reasonable efforts to sell.
특히 상품이 부식성이거나 가치하락의 가능성이 클 경우, 매수인은 처분을 하기 위해 노력해야 한다.

(c) If buyer is a merchant, s/he must follow reasonable instruction of seller. 특히 매수인이 상인인 경우 매도인의 지시사항을 잘 준

수해야 한다.

(2) A buyer has a right to inpect goods with reasonable notice within reasonable time before acceptance or payment.
매수인은 적절한 통보를 거쳐 검사할 권리를 갖는다.

c) Revocation of Acceptance[수령철회]

(1) buyer may revoke acceptance in a reasonable time

a) s/he accepted the goods expecting the nonconformity will be cured.
Nonconformity가 치유될 수 있다고 기대하면서 수령한 경우
b) s/he accepted because of difficulty of discovering defects
하자를 발견하기 어려워 모르고서 수령한 경우
c) s/he accepted because seller assured conformity
판매자의 상품에 하자가 없다는 확언(assurance)를 믿고서

d) Right of Cover(대체물의 구매권)

(1) Buyer can buy substitute goods from another seller and ask for the damages for the difference between the cover cost and K price plus incidental damages and consequential damages.
매수인은 다른 매도인으로부터 대체물을 구매하고, 계약가격과 대체물간의 차액 + 부대비용 + 간접적 손해를 청구할 수 있다.
SM45,46

e) **Specific Performance [구체적 이행명령]**

Buyer may obtain specific performance if goos are **unique and highly unusual.**
주의해야 할 사항으로, enforcement의 대전제는 feasible해야 한다는 점이다. 따라서, 비록 unique goods이라고 하더라도 이미 BFP에게 팔

려서 더이상 goods 자체가 없는 경우라면 SP의 청구가 불가능하다.

EX. *Simon contracts to sell Beatrice an antique Benz car of which only one exists. If Simon later refuses to go through with the K, Beatrice may require Simon to sell her the unique car under the remedy of specific performance.*

Unique goods➔	Specific performance가 가능하다
Unique service ex. Personal service	**No Specific Performance**

☞ a personal service/an employment K is not specifically enforcible. →①money damages are generally available ②it is impossible for Courts to properly supervise employment K.

참 고

Replevin(동산물 점유회복 소송) Replevin, sometimes known as "claim and delivery", is an old-fashioned legal remedy in which a court requires a defendant to return specific goods to the plaintiff at the outset of the action. Although rarely used, replevin can be a very powerful weapon in a case where somebody is wrongly holding your property, because it deprives the defendant of the use of your property while the case is awaiting trial, which increases the likelihood of a quick settlement.

계약의 목적물이 특정(earmarked; identified)된 이후에 매수인에게 인정되는 구제수단으로서, 매도인에게 또는 계약의 목적물을 불법적으로 압류 또는 취득한 자에게 매수인이 특정된 계약의 목적물을 인도하라고 요구하는 것을 말함. 매수인이 대체물을 구매(cover)할 수 있는 경우에는 인정되지 않음.

note

note

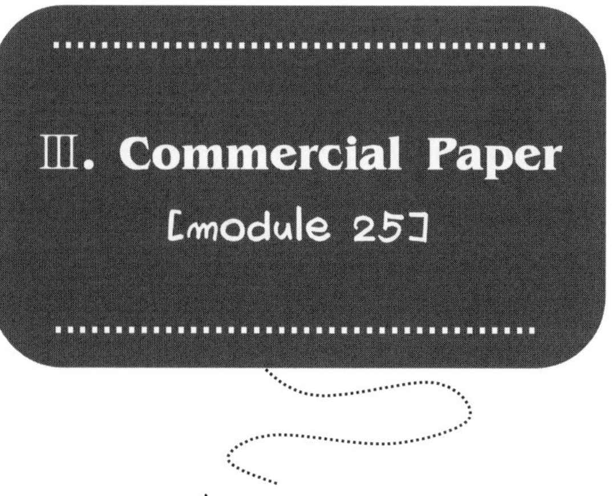

출제빈도 높음

A1. Application of Laws(법률의 적용)

1) Negotiable instrument→ UCC Article 3 applies.
유동성이 있는 (negotiable) 증서는 UCC 3조 적용

2) Nonnegotiable instrument→ ordinary K law applies.
유동성이 없는 증서는 일반 계약법 적용

2. Negotiable Instrument의 정의

1). 일정한 금전의 무조건적인 지급을 약속**(promise to pay) 또는 지급의 명령(order to pay)**이 기재된 **증서**를 의미한다.

2) **commercial paper=negotiable instrument**
사실 양자는 엄밀하게 말하면 약간의 차이가 있으나 편의상 같은 것으로 보고 이 과목을 이해하는 것이 좋다.

a special form of **K unconditionally calling for the payment of money**

3) 권면(**券面 face of the instrument)**을 보고 negotiable인지 아니면 nonnegotiable instrument인지를 구분할 수 있어야 한다.

3. Types of commercial papers ※※※

Mneumonic: **DR OP 3P C**

Mneumonic: **No 2 Pro CD**

Draft	**3 parties :** **Drawer**[발행사]가 지불을 명령한다 **Payee**[수취인] **Drawee**[지급인]	1) Bill of exchange[환어음] 2) **Order to pay**[지급명령] CM2
Check	Special type of draft 2 Parties[drawer and drawee]	① drawee가 은행(drawee=bank)이며, ② **payment date는 없고 issuance date만 있다.** ③법에 의해 유동성이 보장된다 **[negotiable order paper on demand]➔ 즉 HDC가 된다.**
Note [promissory note] *약속어음*	***2 parties** : Promisor [maker] and Payee*	*1) Promissory note 또는 promissory demand note* *Promise to pay* *CM3*
Certificate of deposit	***Special type of Note***	*금융기관이 주로 발행하고 promise to pay라는 문구가 생략되어 있다.*

CM2,3,4,5

* If it is not clear whether the instrument is draft or note, holder may treat it as either.

1) Draft

a) Drawer, Drawee, Payee와 같은 **3 parties**로 구성되어 있다.

EX.

> Jan. 13, 2007
>
> To: ABC Corporation
>
> On Jan. 13, 2007, pay to the order of Andrea Gorbachev $100,000 plus 10% annual interest from Jan. 13, 2006.
>
> (signed) Timothy Kane

[Timothy Kane이 drawer이며, ABC회사(drawee)에게 Andrea Gorbachev(payee)에게 지불을 하라는 내용의 draft임].

2) Check

Mneumonic: **C2P iPOD**

a) **2 parties, 즉 drawer**와 **drawee**로 구성된다.

b) 수표를 발행하는 사람이 **drawer**이다.

c) drawee는 은행이다.

d) 발행일자**(issuance date)**만 있으면 되고, payment date는 필요하지 않다.

e) **<u>P</u>ayable <u>o</u>n <u>d</u>emand**가 특징이어서 요구를 하면 언제라도 지불

을 하여야 한다. ➔ negotiability가 법으로 보장되어 Holder in due course가 된다.

f) 만일 수표발행일자를 현재 날짜보다 아주 뒤로 기재할 경우(즉 postdated) payable on demand가 되지 못한다.

예. 현재 발행일이 2007년 1월 13일인데 2017년 1월 13일로 발행했다면, 2017년 해당날짜가 될 때까지 그 수표는 negotiability를 잃게 된다.

3) **Note[=promissory note]**

a) **2 parties, 즉 promissor[maker]와 payee로 구성된다.**

b) 지불을 약속하는 쪽이 promisor[maker]이고 돈을 받는 쪽이 payee이다.

Jan. 13, 2007

I promise to pay to the order of Andrea Gorbachev [payee] $100,000 plus 10% annual interest on Jan 13, 2008.

Timothy Kane[maker]

c) 따라서 note에 단순하게 "Pay to A"라고만 쓰여 있으면 note는 non-negotiable해진다. A1-10

d) note의 문구에 secured by conditional sales contract 등이 있다고 해서 nonnegotiable해지는 것은 아니다. note로서의 요건만 충족되면 negotiable해진다. A3-10

4) certificate of deposit

금융기관에서 지불을 약속하는 special type of note이다.

금융기관이 지불을 약속하게 되므로 promissor가 되고, 대부분의

CD는 유동성이 높은 게 특징이다.

4. Requirements of Negotiability ※※※※※※

※ all the following requirements must be on the **FACE of instrument.**
유통성의 여부는 증서의 앞면(face)에 다음의 요건이 모두 반드시(must) 충족되어야 한다.

1) To be negotiable, the instrument MUST

Mneumonic: **WOSSUPP?**

Writing [be written]

Order or bearer [be payable to order or to bearer, unless it is a check]

Signed [be signed by maker or drawer]: Sign can be ANY authentication, such as initials, nickname…

Sum certain [fixed amount in money]

Unconditional

Payable on demand or at a definite time

Payable in currency

Amount must be set **"purely" currency,** not mixed with goods

A2-10, C26

5. Detailed Requirements of Negotiability

1) **Writing** [be written] 증서는 문서의 형태로 되어 있어야 한다.

2) **Order or bearer**[be payable to order or to bearer, unless it is a check ※※※

a) ※※※ 주의 "To A" 라고 하면 non-negotiable이 된다.

draft나 note를 막론하고 단순하게 "pay to 홍길동(John Doe or Jane Doe)"이라고 하면 negotiate가 안되고, 반드시 "pay to 홍길동 or order (기명식)," "pay to the order of 홍길동"이라고 해야 한다(statutory terms of art).

"To A's Order", "To A's Assigns", "To A or order"

EX. *A draft written "pay to Ghildong Hong" is not negotiable. This statement destroyes negotiability because the draft is not payable "to the order of Ghildong Hong."*

b) ※※※ 주의: bearer[무기명식**]**의 경우 **"to bearer," "to Ghildong Hong or bear," "to cash," "to the order or cash"**이라고 한다.

c) ※※※ 주의: 예외적으로 수표(check)의 경우 "pay to 홍길동" 이라고 해도 negotiable 하다.

	설 명	예
Bearer paper [무기명 증서] *Ex:CM8,29*	Instrument에 권리를 지정하지 않고, 증서의 소지인을 권리자로 인정	Pay to bearer, pay to cash, pay to John Doe or bearer, order of bearer, order of cash
Order Paper[기명증서] *Ex: CM2,4,10*	Instrument에 특정인을 권리자로 지정하며, 그가 지시하는 자도 권리자로 인정	Pay to the order of John Doe,
Check[=negotiable order paper]	Negotiable	Pay to John Doe, Pay John Doe Pay to John Doe, the bearer
Non-negotiable instruments, whether draft or note, other than check	Non-negotiable because of formalities	Pay to John Doe, Pay to John Doe, the bearer

CM6,14,

3) **Signed** [be signed by maker of note or drawer of draft]: Sign can be ANY authentication, such as initials, nickname, rubber stamp…
발행사의 서명이 있어야 되고, 여하한 형태의 서명도 가능하다.

4) Sum certain [fixed amount in money]
a) 반드시 금전이어야 하며, 다른 물건 등을 지급해서는 안된다.

b) 외화(foreign currency)도 무방하다.

c) 원금(principal)의 금액만 확정적으로 하고, 이자(interest), 추심비용(collection fee), 변호사 비용(attorney's fee)은 확정하지 않고 (변동금리의 가능성 등으로 인하여) variable amount로 해도 무방하다.

※ 주의 ※
When adding interest, it must be clear enough to be indicated.

※ 주의 ※
"with interest" means judgment rate (statutory rate of the Usury act)
CM9,13

4) Unconditional
무조건적인 지불약속(promise to pay or order to pay)을 해야 한다

a) 즉 어떤 조건이 발생하면(subject to agreements) 지급하겠다는 등의 문구가 함께 있으면 nonnegotiable해진다.

If accompanied by conditions, nonnegotiable. Then K law applies
EX1. *(X): "If", "As long as", "Unless" I, Timothy Kane, promise to pay to the order of Andrea Gorbachev $10,000 if the car delivered to me is well-functioning.*

EX2. *(X):"Incorporates", "Subject to", "Governed by"*
EX3. *(O):"As per[in accordance with, in response with the request]"*
CM11

Q.	A.
Is the term "60 days after death" fixed or determinable?	NO. Although death is certain, it is not a fixed time that easily can be determined just be looking at the instrument. Thus, there cannot be a HDC of that instrument.

b) 그러나 다음 사항은 기재해도 **negotiability**를 해치지 않는다

Mneumonic: **IF CAM→ Negotiable, but not IOU**

(1) 발행목적 **(issuing purpose)**

EX. *for the purpose of renovating the hospitals in St. Louis*

(2) 지급이 특정펀드로부터 이루어진다는 내용[payment from particular **funds**]

(3) 필요시 추가담보 제공의사 [additional **collateral**]

(4) 발행이유나 근거계약 명시(referral to another **agreement**)
See CM8 sample at reference

(5) 담보물을 통해 담보가 되어 있다는 내용의 기재
[secured by **mortgages** or collaterals]

6) 그러나 IOU(채무증서, I owe you)는 채무를 인정하는 것일 뿐 negotiable하지 않다.

CM15

D5. Interpretation of Ambiguities in Negotiable Instrument

1) Contradictory Terms

a) 증서상의 같은 내용에 대해 문자와 숫자가 일치하지 않을 경우 문자에 따른다(words control over figures)

CM16

b) 인쇄물보다는 타이핑한 것이, 타이핑한 것보다는 수기(손으로 쓴 것)로 한 것이 이긴다.

Handwritten > Typewritten > Printed terms

2) Omissions

날짜(date), 이자(interest rate), 약인(consideration), 발행장소(place of issuance)는 기재되지 않아도 negoitable하다.

6. Postdated[선일자 수표] or Antedated[후일자 수표]

1) postdated 수표에 대해서는 해당날짜가 될때까지 은행은 지급하지 못한다.

2) 만일 은행이 실수로 postdated check을 해당날짜가 되기 전에 미리 지급했다면, 은행은 책임지지 않는다.

3) 단, 발행자[drawer]가 별도의 문서에 수표를 미리 지급하지 말라고 통보(notify)했는데도 은행이 postdated check을 지급했다면 책임을 져야 한다.

CM45

E7. Negotiation

Commercial paper만의 독특한 양도방법을 negotiation이라고 한다.

1) 2 Methods of negotiation이 있다. ※※※

a) Negotiating **bearer paper** may be negotiated by **delivery** alone. 무기명증서는 교부(전달)만 하면 된다.

b) Negotiating **order paper** requires both **endorsement** by **transfer and delivery** of instrument[resulting in **possession**]. 배서와 교부(전달에 따른 소지)가 있어야 한다.

c) The recipient of the negotiating instrument is called a "holder." 교부된 증서를 받는 사람을 holder라고 한다.

d) 소지인이 Holder in due course[HDC]요건을 충족하게 되면 transferor보다 더 큰 권리를 갖게 된다.

Mneumonic : **BE Deli OPTE**

CM17

2) Assignment occurs when the transfer does not meet all requirements of negotiation.
Negotiation의 요건을 충족하지 못하면 assignment라고 한다.

8. Types of Endorsement

1) **blank endorsement**(백지 배서)

a) Does not specify any endorsee(endorser's signature only on the back).

증서의 뒷면에 피배서인을 특별히 정하지 않고, 배서인이 뒷면에 서명만 하면 된다.

b) **Converts order paper into bearer paper.** Bearer paper needs only delivery.
orderpaper에 백지식 배서를 하게 되면 무기명 증서(즉, 소지인 증서)가 된다.

EX. *Andrea endorses a check in blank that had been made payable to his order. He lost it and Baker found it who delivered it to Charlie. Charlie is a valid holder since Baker's endorsement is not required.*

2) **special endorsement**(특별배서=기명식 배서) ※※※

a) **indicates specific person to whom endorser wishes to negotiate the instrument. Further negotiation is possible.**

배서인이 배서를 하면서 피배서인을 특정한 뒤 자신의 서명을 하는 것을 기명식 배서라 한다. 피배서인은 그 다음 사람에게 또다시 배서를 해줄 수 있다.

b) 이 경우 "pay to the order of John Doe"라고 하지 않고, **"pay to John Doe, [signature] Endoser's name"**이면 된다.

EX. *on the back of a check payable to the order of John Doe, he signs as follows: Pay to John Doe, (signed) Andrea Gorbachev.*

c) Bearer paper may be converted into order paper by use of special endorsement.
무기명증서(bearer paper)에 기명식 배서(special endorsement)를 하

면 지시증서(order paper)가 된다.

EX. *A check made out to cash is delivered to John Doe. John Doe writes on the back: Pay to Andrea, (signed) John Doe. Until this special endorsement is made, this instrument was bearer paper.*

CM18,20,21,38

d) If last endorsement on the instrument is a blank endorsement, any holder may convert that bearer paper into order paper by writing "Pay to John Doe," above that blank endorsement.
마지막 배서가 백지식인 경우에는 소지인 누구라도 그 백지식 배서 위에 **"pay to 홍길동"**이라고 기재하여 그 증서를 지시증서 **(order paper)**로 만들 수 있다

CM19

3) **Restrictive Endorsement**

a) requires endorsee to comply with certain conditions.
특정요건에 반드시 따르도록 강요하는 조건부 배서

EX 1. *For deposit only, John Doe*

EX 2. *Pay to John Doe only if he completes the renovation works of the shop to my satisfaction by the end of 2007.*

b) Endosement cannot prohibit subsequent negotiation.
배서를 한다고 해서 더 이상 negotiation이 되지 않도록 할 수는 없다.

EX. *Pay to John Doe only.* ➔ *John Doe has become a new endorsee, but it does not stop John Doe from further endorsing or further negotiations.*

CM1

3) Qualified Endosements[무담보 배서]

a) 일반적으로 배서인은 피배서인에게 부도가 발생할 경우 소구의무(일종의 보증책임)를 부담하는데, qualified endorsement(무담보 배서)를 하면 자신의 소구의무를 면할 수 있다.

b) 보통 **"without recourse"**라는 문구를 집어넣음으로써 무담보배서가 된다. **"without recourse"➔ no promise or guarantee of payment on dishonor**

CM44

9. Holder in Due Couse[HDC] ※※※※※※※※

A HDC is entitled to payment on negotiable instrument despite most defenses that maker or drawer of the instrument may have.

HDC는 유통증권의 발행사가 갖고 있는 항변사유(또는 결격사유)에도 불구하고 지급을 받을 수 있는 권리를 확보하게 된 자를 의미한다. 발행사는 HDC에게 인적 항변사유(personal defenses)를 가지고 지급을 거절할 수 있다.

To be a HDC of the note, When a note is to become ① **endorsed, negotiated & delivered (END),** the transferee must take the note ② **in GF** ③ **without any notice of any ODD(overdue, dishonored, or defenses) must** ④ **pay value for the note** ⑤ **and there should be no personal defenses and real defenses.**

Note가 endorse되고, negotiate & deliver 되기 위해서는 good faith로 ODD사항에 대한 notice 없이 pay value를 해야 한다. 또한 personal and real defense가 없어야 한다.

Mneumonic : **END ODD GF, but Pay Value to be HDC without P/R defenses**

1) Be a **holder** of properly **endorsed, negotiated,** and **delivered** instrument. 소지인이란 유통성 있는 증서를 negotiation에 의해 취득한 자를 의미

2) without Notice of **ODD**[overdue, dishonored, or defenses or claims to it.

a) 객관적 기준**(objective standard)**에 의하여 소지인이 발행사의 책임에 영향을 미치는 사실이 있다는 것을 몰랐고, 알 수도 없이 (does not know or has no reason to know) 증권을 취득해야 한다.

b) **defenses or claims**

forgery, material or questional alteration. 위조, 상당한 수정이거나 신뢰성에 의문이 가는 변조는 Defenses가 된다.

c) postdated or antedated 여부는 발행사의 책임에 영향을 미치지 않는다 ➔ defense가 되지는 못한다.

d) 이자를 제때 지불하지 못했다고 해서[default in payment of interest] 발행사의 책임에 영향을 주지 못한다. ➔ defense가 되지는 못한다.

e) If one acquires notice after becoming a holder and giving value, s/he may still become a HDC.

소지인이 HDC의 지위를 취득한 이후에 발행사의 책임에 영향을 미치는 사실을 알게 되었을 경우 이미 pay value를 했다면 HDC의 지위에 아무런 영향이 없다. ➔ 즉, HDC가 되기 위해 notice가 있었는지 여부는 증권이 배서, 또는 교부되어 소지인이 되고 pay value를 하는 시점이다.

3) take in **good faith**

GF = subjective honesty in fact and reasonable commercial standards of fair dealing.

4) **pay value for instrument**
소지인이 증권의 대가를 지불했을 것

a) pay or perform agreed consideration
합의된 consideration을 이행할 것

b) promise to perform/give in the future is not value until performed.
미래에 이행하겠다고 약속하는 것은 value가 되지 못한다.

c) 과거의 채권변제, 다른 유통증권을 주고 다른 증권을 취득하는 경우, 증권을 담보목적으로 취득하는 경우 등은 모두 pay value에 해당한다.

d) value does not have to be for equal or for full amount of instrument.
증서와 등가(等價) 또는 전액(全額)을 꼭 지불할 필요는 없다.
CM22,23,24,25

G10. Rights of a HDC against Personal Defenses ※※※※

Personal defenses are assertable against ordinary holders an dassignee of K rights to avoid payment. **A transfer of a negotiable instrument to a HDC cuts off all personal** defenses against a HDC.

Personal defense가 있으면 ordinary holder에게는 지불을 거절할 항변사유가 되지만, HDC는 personal defense가 있다 하더라도 지급을 거절할 수 없다.

Mneumonic : **PD, TIMID FUN PCK, cannot beat HDC**

1) **Theft** by holder or subsequent holder after theft
2) **Illegality** ➔ personal defense if sate law makes transaction voidable but real defense if state law makes the transaction void. 주법에 근거하여 해당 transaction을 voidable하게 할 수 있다면 personal defense이지만, 만일 void하게 할 수 있다면 real defense가 된다.

3) **Mental Incapacity:**

※ 注意 ※

minor의 경우는 제외된다.

주법에 근거하여 해당 transaction을 voidable하게 할 수 있다면 personal defense이지만, 만일 void하게 할 수 있다면 real defense가 된다.

4) **Duress or undue influence**

강박(ordinary duress)의 경우 대부분 voidable하므로 personal defense에 그치나, 심각한 강박(extreme duress)의 경우 real defense가 된다.

5) Fraudulent inducement or fraud in inducement

When signing a negotiable instrument induced by misrepresentation.

속아서 서명한 경우

6) **Unauthorized Completion** 부당보충

예. *John이 수표에 금액을 적지 않고 Timothy에게 주면서 $500 범위 내에서 교과서 사는 데 보태 쓰라 했는데 만일 Timothy가 수표에 $50,000*

이라고 적어서 Ann에게 준 경우, Timothy는 부당보충을 한 것이 된다. 만일 Ann이 HDC라면 John은 꼼짝없이 $50,000을 모두 지불하여야 한다.
CM33,34

7) **Nondelivery** 미교부
유통증권을 발행하기 위해서는 증권의 용지에 서명을 하고 이를 수취인에게 교부하여야 하는데 서명을 하였으나 이를 아직 교부하지 않은 상태에서 분실 또는 도난당한 경우.

8) **Prior payment** 기지급
발행사 또는 인수인이 유통증권에 대해 지급을 했으나 그 유통증권을 회수하거나 취소하지 않았는데 다른 사람이 지급을 요구한 경우. 그러나 이는 personal defense이므로 발행사/인수인은 HDC에게 지급의무가 있다.

9) **Failure or Lack of <u>C</u>onsideration**: 약인의 결여 또는
CM35

10) **Breach of K [including breach of warranty]**계약의 위반
유통증권을 발행한 근거가 되는 계약을 상대방이 위반한 경우 발행사는 "계약위반"이라고 항변할 수있다.
CM27,29

G11. Rights of a HDC against Real Defenses

물적 항변을 의미하며 HDC라 할지라도 이에 대항하지 못한다.
Transferee is <u>**subject to "real" defense**</u> that might arise. The real defense can beat HDC.

Mneumonic : **IF FEI MADE IB, it beats HDC:**

1) **Infancy or minority**

발행사가 미성년자인 경우 물적 항변이 된다.

2) **Forgery**

위조란 권한 없는 자가 타인의 서명을 위조하여 유통증권을 발행하는 행위. 서명을 위조당한 자에게 유통증권에 대한 책임을 물을 수 없지만, 위조된 서명을 위조한 자(forger)의 서명으로 보아, 위조한 자에게 책임을 물을 수 있다.

3) **Fraud in Execution**

발행(서명)을 하는 데 있어서의 사기행위

4) **Illegality**

personal defense if sate law makes transaction voidable but real defense if state law makes the transaction void.

주법에 근거하여 해당 transaction을 voidable하게 할 수 있다면 personal defense이지만, 만일 void하게 할 수 있다면 real defense가 된다.

5) **Material Alteration**

중요한 내용의 변조란 권한 없는 자가 유통증권상의 기재내용 중 **금액(amount)**, **날짜(days)**, **이자(interest)** 등을 변경.

a) Partial defense only: 중요한 내용의 변조란

부분적 항변에 그치므로 변조되기 이전의 조건에 따라 HDC는 지급받을 수 있다.

6) **Extreme Duress**

보통강박(ordinary duress)은 personal defense에 그쳤지만 극심한 강박(extreme duress)은 real defense가 된다.

7) **Incapacity:** 행위무능력자[incompetent person]가 서명한 경우에 해당

8) **Bankruptcy**: 발행사가 파산하여 채무면제(discharge)를 받은 경우 real defense가 된다.

CM27,28,35

12. **Holder through HDC**[Shelter Doctrine or Shelter Rule] ※※※※

1) **Shelter Doctrine:** A holder who takes a negotiable instrument from a HDC as a gift (no value), or even if the holder had knowledge that the instrument was overdue, or with knowledge that there exist defenses to the payment of the negotiable instrument – nevertheless has the same rights as a HDC under the Shelter Doctrine.
HDC로부터 유통증권을 취득하여 소지인의 요건은 충족하지만 나머지 HDC의 요건을 충족시키지 못해 HDC가 될 수 없는 자(holder through HDC)의 경우 HDC와 동일한 권리를 갖게 된다.

2) **reacquisition Exception**: HDC가 아닌 자가 HDC에게서 일단 배서, 교부하였다가 증서를 HDC로부터 다시 취득하는 경우로서 증서를 재취득한 자는 처음에 이 증서를 취득했을 때의 지위를 갖는다.
A person who earlier participated in the activity giving rise to the alleged defense, or as a prior holder of the instrument with notice that it was ODD. (He cannot enhance his position by re-taking the instrument from a HDC.)

3) **fraud or illegality exception**: 사기나 위법행위에 관여했던 자

는 HDC로 인정받지 못한다.

CM26,30,31,32

H13. Liability of Parties ※

유통증권에 관여한 자들은 계약책임(contractual liability)과 담보책임(warranty liability)의 두 가지 책임을 진다. 계약책임은 유통증권에 서명한 자만이 지는 책임인 반면, 담보책임은 서명한 자를 포함하여 negotiation에 관여한 모두가 져야 하는 책임이다.

CM42

1) contractual liability [계약책임]

발행사, 인수인, 배서인 등과 같이 유통증권에 서명을 한 자가 지는 책임으로 primary liability와 secondary liability의 두 가지가 있다.

a) primary liability ※

(1) **note**의 발행사(maker)는 지급기일에 약속한 금액을 지급하겠다는 **primary liability**를 지게 된다.

(2) draft나 check의 경우에는 발행시점에서 primary liability를 부담하는 자가 없고, 환어음에 대한 accept가 되는 시점부터 acceptoer가 primary liability를 지게 된다.

CM36

b) secondary liability

(1) draft의 drawer(발행사)는 secondary liability를 지게 된다. 즉 drawee(인수인)이 지급 또는 인수를 거절하는 경우에 발행사가 책임을 지게 되는 것이다.

(2) endorser(배서인)은 secondary liability를 지게 된다. 즉, 지불약속을 한 자가 primary liabilty를 지지 않으면 그 다음에 지불책임을 지게 되는 것이다.

(3) **secondary liability**를 묻기 위해서는

(a) Holder must **demand payment or acceptance** in timely manner. 적시에 지급의 인수나 지불을 요구해야 한다.

(b) Holder must give endorsers **timely notice of dishonor**
지급 또는 거절의 사실(dishonor)을 secondary liability를 부담하는 사람에게 적시에 알려주어야 한다.

2) warranty liability 담보책임

(a) transfer warranty 양도한 자의 담보책임
다음의 경우 transferor는 transfer warranty를 지게 된다.

(1) transferor has good title
양도인이 유통증권에 대한 유효한 소유권을 갖고 있는 경우

(2) all signatures are genuine or authorized.
모든 서명의 진정성

(3) instrument has not been materially altered.
중대한 변조가 없었음

(4) no defense of any party is good against transferor
양도인에게 유효한 defense가 없음

(5) transferor has no notice of insolvency of maker, drawer, or accepter.
발행사나 인수인의 지급불능을 알지 못함

배서인[endorser]은 이후의 양수인 전부에게 이러한 담보책임을 지지만 배서 없이 양도를 한 자[transferor]는 자기가 직접 양도하여 준 자[immediate transferee]에게만 warranty liability를 지게 된다.

(b) presentment warranty 제시한 자의 담보책임

지급제시나 인수제시(presenting negotiable instrument for payment or acceptance)를 하여 부담하는 담보책임으로 다음과 같은 사항을 담보하는 것이다.

(1) title[지급제시/인수제시를 한 자가 유통증권의 소유권을 갖고 있음]

(2) no knowledge of unauthorized signature.
발행사의 서명이 위조된 사실을 알지 못함

(3) no material alteration 중대한 변조가 없음

4) Accomodation Party

Accommodation party란 실제로는 그 유통증권에 대한 이해관계가 없으면서 증권의 신용도를 높이기 위해 발행사 또는 배서인으로서 서명하는 자로 다른 사람을 위해 자신의 이름을 빌려준 것으로 간주된다[즉 <u>덩달이도 공동책임을 져야 한다</u>]. 여기서 발행사로 서명하게 되

고 accommodation maker가 되고 배서인으로 서명을 하게 되면 accommodation endorser가 된다.

5) signature by authorized agents 대리인의 서명

a) 유통증권상에 본인[principal]의 이름이 나타난 경우에만 본인이 책임을 부담하고 대리인은 책임이 없다.

EX. *Oprah Winfrey, signed by Jane Doe[authorized agent]*
➔ *이경우 Jane Doe는 책임없고, Oprah Winfrey만 책임*

b) 유통증권에 본인의 이름이 나타나지 않고 대리인의 이름만 나타난 경우에는 대리인만 책임진다.

EX. Jane Doe, as agent➔ Oprah Winfrey는 책임 안진다.

14. Discharge of Parties※※※※※※

CM40

Mneumonic : **MAC PR CIA ID➔ discharge**

1) Material Alteration of Instrument by Holder

소지인이 증권에 중요한 변조를 가한 경우 현재의 소지인은 이전소지인(prior party)에게 책임을 묻지 못한다.

2) Cancellation

(a) 소지인이 다른 사람의 배서를 삭제하는 것을 cancellation이라고 하는데 배서가 삭제된 자의 책임은 소멸한다.

(b) 단, 구두삭제(oral renunciation)는 cancellation으로서 효력이 없다.

CM37,39

3) Payment

Primary liability를 부담하는 자가 지급(payment)을 하게 되면 모든 배서인의 책임은 소멸하게 된다.

4) Reacquisiton(재취득)

예를 들어 A가 B에게 어음을 지급하고, B가 이를 C에게 배서 교부하고, 순차적으로 D, E, F에게 교부되었는데 이를 다시 C가 취득할 경우 D, E, F의 책임은 면제된다.

5) Certification of Check 수표의 인증

수표의 소지인이 drawee(은행) 에게 수표의 인증(certification)을 요구하면 은행은 수표상에 표시된 거래가 진정한 것인가의 여부를 확인하고서 인증을 해줄 수 있게 된다. 은행은 고객(drawer)의 계좌에서 인증한 금액만큼 은행자신의 계좌로 이체시킨다. 인증이 되면 발행사(drawer)와 모든 배서인은 책임을 면하게 된다.

6) Impairment of recourse right and impairment of collateral

소구권의 손상과 담보물의 손상

a) impairment of recourse right

cancellation이 되면 배서가 삭제된 자의 책임은 소멸하므로 이후 배서인은 그 자에게 소구권(recourse right)을 행사할 수 없게 된다. 따라서 이후 배서인의 입장에서 보면 cancellation은 자신의 소구권을 고의적으로 손상시킨 것이고, 이후 배서인은 책임을 면하게 된다.

b) impairment of collateral ※

note에 제공된 담보물을 없애는 것. 즉, 소지인의 동의 없이 담보물에 대한 담보권을 포기하거나 담보물의 가치를 해치게 되면, 소구의무를 부담하는 자(secondary party)는 책임을 면제받게 된다.
CM43

7) Accord and Satisfaction

Primary liability를 부담하는 자가 지급 대신에 accord and satisfaction을 하게 되면 모든 배서인의 책임은 소멸한다.

8) International destruction of instrument by Holder Discharges prior party

소지인이 고의로 증권을 훼손한 경우 소지인은 이전 소지자(prior party)에게 책임을 물을 수 없게 된다.

15. Liability on Instrument with Forged Signatures 위조서명 증권에 대한 책임문제※※※

1) 발행사의 서명이 위조된 경우 **[signature of forger]**

a) 발행사의 서명이 위조된 경우, 증권의 good title에는 영향을 미치지 않아 유통될 수 있고, 소지인(holder)은 증권의 소유권을 취득할 수 있다.

b) 그러나 forgery는 real defense의 일종이므로 발행사는 HDC에게

도 지급을 거절할 수 있다.

2) 배서가 위조된 경우(**forged endorsement**)

a) A forged endorsement does not transfer title.

배서인의 서명이 위조된 경우, 즉 배서가 위조된 경우에는 소유권이 이전되지 않으므로 소지인은 증권의 소유권(good title)을 취득할 수 없다. ➔ 따라서 돈도 받지 못한다(forged endorsement➔ no good title➔ no collection)

b) exception to the forged endorsement

(1) imposter rule

발행사가 유통증권을 발행하는 데 있어, 즉 수취인을 확인하는 데 과실이 있어 사기꾼들에게 유통증권을 발행하는 경우에는 위조된 배서에 의해서도 소유권이 이전될 수 있다는 원칙

If a drawer makes a check payable to an imposter or person claiming to be an agent of a respectable person, the drawer is liable even though the imposter/payee forges someone else's signature because the drawer is in a better position than the drawee (bank) to detect the imposter.

예. *사기꾼 A가 자신이 사업을 경영하는 B인 것처럼 행동하였는데, 이에 속아서 C가 B를 수취인으로 하는 어음을 발행하여 A에게 주었다. A는 B의 서명을 위조하여 D에게 어음을 배서·교부하였다. 원칙적으로 B의 배서가 위조되었으므로 증권의 소유권은 B에게 있고, D는 소유권을 취득할 수 없으므로 C에게 지급을 요구할 수 있다. 그러나 이 경우 imposter rule에 의하여 D는 소유권을 취득할 수 있고, C에게 지급을 요구할 수 있*

게 된다. 이 원칙은 A가 실제로 B의 대리인이 아니면서 B의 대리인인 것처럼 행동하며 발행사 C를 속여 유통증권을 교부받은 경우에도 적용된다.

(2) **Fictitious Payee Rule**

발행사(maker, drawer or his/her agent)가 가공의 수취인(fictitious payee)의 이름으로 유통증권을 발행하고 가공의 수취인[또는 실제로 교부할 의사가 없는 수취인을 포함]의 서명을 위조하여 배서하는 경우이다. 원칙적으로 배서가 위조되면 이를 배서받은 자는 그 유통증권의 소유권을 취득할 수 없고 따라서 발행사에게 지급을 요구할 수 없지만, fictitious payee rule이 적용되면 소지인은 소유권을 취득할 수 있게 되고, 따라서 발행사로부터 지급받을 수 있게 된다.

EX. *John Doe submits a time card for a nonexisting employee and the employer issues the payroll check. Doe forges the endorsement and transfers it to Timothy Kane. Later Timothy Kane wins against the employer even though both Timothy Kane and the employer were not aware of the scheme at that time.*

(3) Negligence Rule

자신의 서명이 위조되는데 이에 대한 관리감독을 소홀히 하는 등의 과실이 있는 자는 위조의 항변을 할 수 없다.

I. 16. Additional Issue

Draft	**Trade acceptance** CM47	Seller가 자신을 수취인(payee)으로 하고, buyer를 지급인(drawee)으로 하여 draft(환어음)를 발행하면서 buyer의 acceptance를 받는 환어음
	Banker's acceptance	동일한 은행이 drawer 겸 drawee인 경우
	Sight draft	Payable upon presentation
	Time draft	일정한 지급일자에 지급하기로 되어 있는 draft
	Money order	현금우송의 위험을 줄이면서 지불의 확실성을 보장하기 위해 우체국이나 금융회사로부터 구입하여 상대방에게 발송. 구입하는 자는 drawer가 되고, 판매한 자는 drawee, 수취인은 payee가 된다.
check	Traveller's check	여행자 수표
	Cashier's check	Drawer=drawee=the same bank이고 제3자가 수취인
	Certified check	지급은행이 지급하기로 인증한 수표. 이 경우 은행은 primary liability를 지게 된다.

J.17. Banks (은행의 책임)

1) **Wrongful dishonor of checks**

고객계좌에 잔액이 있는데도 불구하고 부도처리한 경우 이를 잘못된

부도(wrongful dishonor)라고 하며 은행은 이에 대한 책임을 져야 한다

2) **Payment of bad checks**

발행사의 서명이 위조되어 발행된 수표나 금액이 위조되어 발행된 수표에 대해 은행이 지급을 하였다면 발행사가 과실이 있지 않는 한 은행 책임

3) **Bank Statement–30day Rule ※**

발행사가 bank statement를 받은 후 30일 이내에 위조 또는 변조 사실을 은행에 통지하지 않으면 동일인이 동일수법으로 위·변조한 수표를 지급한 것에 대하여 은행이 책임을 부담할 필요가 없다.

4) **Stop Payment Order**

a) 구두로 지급중단 명령한 경우 14일간 효력 발휘

b) 서면으로 지급중단 명령한 경우 6개월간 효력 발휘

c) 지급중단명령이 있는데도 불구하고 은행이 지불했다면 손해배상 책임을 져야 한다.

d) 단, 발행사(drawer)가 소지인(holder)에게 유효한 항변(valid defense)이 없는 경우에는 은행은 지급정지명령을 따르지 않아도 된다. CM46

M18. Transfer of Negotiable Document of Title

1) Types

a) Bill of Lading (선하증권)

운송업자(carrier)가 운송할 상품을 받았다는 것을 증명하기 위해 매도인에게 발행하는 증서

b) warehouse receipt (창고증권)

창고업자(warehouseman)가 보관할 상품을 받았다는 것을 증명하기 위해 seller에게 발행해주는 증서로서 창고의 위치에 대한 기재가 있어야 한다.

2) Forms※※※

a) document of title은 증서의 앞면(face)에 **"order of the named person"이나 "bearer"의 기재[즉 특정인의 성명기재나 소지인이라는 문구]가 있으면 negotiable.**

CM48, 50

3) Due Negotiation

HDC대신 holder by due negotiation 이라는 용어를 사용하며 HDC의 경우와 요건이 같다.

다만 여기서 value의 지불과 관련하여 기존채무변제(payment of a preexisting debt)는 포함되지 않는다.

4) Transferor for value warrants that

대가를 받고 document of title을 양도한 양도인(transferor)은 양수인(transferee)에게 다음 사항에 대하여 담보책임을 부담한다. ※※※

a) document is **genuine (진정성)**

b) **no knowledge** of any fact that would **impair** its validity or worth (가치나 유효성을 헤치는 사실을 알지 못함)

c) rightful and fully effective negotiation with regard to document of title and goods it represents. (진정한 양도), CM49

note

note

출제빈도 중간

미국부동산법의 특징은 여러 가지이지만 대표적으로

1) possessory right(점유권)을 소유권의 의미로 혼용해서 사용하는 경우도 있으므로 혼동하지 않아야 한다.

2) 한국처럼 세입자 보호원칙이 아니고 오히려 약속준수원칙이 적용되어 집주인이나 임대인이 유리하게 되어 있는 경우가 많다.

3) 부동산법에 사용되는 용어에 익숙해지면 문제 자체의 난이도는 높지 않다.

A1. Distinction between real and personal property

1) Real Property

a) 부동산은 토지와 토지의 정착물(예: 빌딩), 그리고 광물채굴권(mining right), 지상권(air right) 등을 의미한다. A2-13,C29

b) 재배되고 있는 곡식(growing crops)은 부동산으로 본다. 그러나 수확된 곡식(harvested crops)은 토지와 분리되어 동산으로 본다.
PM2

2) Personal Property[=chattel]

a) 자동차, 시계, 책 등과 같이 형태를 가진 유형동산(tangible personal property)과 형태를 갖지 않은 무형동산(intangible personal property)으로 구분된다.

b) 주식, 상표권(trademark), 특허권(patent), 저작권(copyright), 어음 등은 종이에 권리가 표창되어 나타나지만 무형동산이다. PM1

2. **Law of fixtures** – For an article of personal property to become a fixture on land,

Mneumonic : **Adanin fixture**

(1) **an**nexation of the article to the land constructively or actually [부착된 정도]

(2) **ada**ptability of the article for the use in the land [적합성] ,

(3) **in**tention of the annexor that the article will become a fixture [의도]→annexor의 intent를 볼수 있는 가장 좋은 방법은
① the relationship between the annexor and the premises
② the degree of annexation
③ the nature and use of the chattel
PM3

3. Trade Fixture

임차인(tenant)이 임대인(Landlord)의 건물에 상업적 목적으로 설치한 동산은 부동산의 일부가 되는 것이 아니라 여전히 임차인의 동산으로 보게 되는데 이를 trade fixture라고 한다.

4. Finding Personal Property ※※

1) **Mislaid property**

소유자가 일정장소에 두고 가져오는 것을 잊은 물건으로서 이를 발견한 자는 소유권을 취할 수 없다(no ownership).

2) **Lost Property**

소유자가 잃어버린 경우로서 이를 발견한 자는 진짜 소유자를 제외한(except true owner) 다른 모든 사람에게 대항할 수 있는 소유권(title)을 갖게 된다.

3) **Abandoned Property**

소유자가 누가 그 물건을 취득할 것인지를 정하지 않은 채 물건의 소유권을 자발적으로 포기하는 것으로 이를 발견한 자는 원래 소유자를 포함한 모든 사람에게 대항할 소유권을 갖게 된다. PM4, 5

C5. Bailments(동산의 위탁)

위탁자(bailor)가 수탁인(bailee)에게 동산의 소유권(title)을 이전함이 없이 점유(possession)만을 넘겨주는 것을 의미한다. 이 경우 수탁자는 위탁자에게 반환 또는 위탁자의 지시에 따라 처분할 의무를 갖게 된다.

요 건

1) delivery of personal property to bailee (점유의 이전)
2) possession by bailee (수탁자의 점유)
3) bailee has duty to return property or dispose of property as directed by owner. (수탁자의 의무발생)

6. common carrier bailment

만일 common carrier[예. 기차, 버스 등 공공성 교통기관]가 bailee가 되었을 경우 strict liability를 묻게 된다.

PM6

D7. Intellectual Property [IP] 지적재산권법

1) to create products and services by granting property rights and incentives. (권리와 인센티브 제공)

2) To provide public access to IP (대중의 접근성 향상이 목적)

8. Copyrights 저작권법 ※

1) 유형의 창작물[original work in any tangible form]을 보호하는 것이 목적이고 표현된 것만 저작권에 의해 보호될 수 있고 (copyrightable), 표현되지 않은 idea는 보호받지 못한다.

2) 1998년 3월 1일 이후 만들어진 창작물은 copyright notice가 필요없게 된다.

3) 1978년 1월 1일 이후 만들어진 copyright는 life of author +70년간 유효하다.

4) 출판사(publishing house)가 소유권을 갖고 있는 경우에는 95년간, 혹은 저작권이 생겨난 경우에는 120년간이며, 둘 중에서 짧은 쪽이 우선 적용된다.

5) 저작권법에 의해 보호받기 위해 저작권의 등록(registration of copyright)이 필요한 것은 아니지만, 등록을 한 경우에는 법정손해배상(statutory damages) 및 변호사비용(attorney fee) 등을 받을 수 있는 권리를 가질 수 있다. PM13

3) Fair Use Doctrine※

a) fair use doctrine의 적용을 받는 경우 copyright를 침해하지 않는 범위 내에서 저작물을 copyright owner의 허락 없이 사용할 수 있다.

b) 이 원칙의 적용을 받을 수 있는 경우로는 보도(news reporting), 연구(research), 강의(teaching), 논평(comment) 등이다.

EX. *교수가 강의목적상 특정작품의 복사본을 학생들에게 나누어주는 경우 fair use doctrine이 적용되고 일일이 저작자의 동의를 받아야 하는 것은 아니다.* PM10

9. computer software copyright

1) 소프트웨어는 저작권보호를 받는다(copyrightable).

2) human readable source code와 machine language object code의 저작권도 보호받는다.

3) software라고 할 때 computer program과 database도 포함된다.

4) 소프트웨어를 구입한 자는 back up copies를 만들 수 있으며, 개인적 용도로 이를 복사(duplicate) 가능하다.
➔ software의 fair use rule

5) 기업체가 copyright를 갖고 있을 경우, 제품탄생 후 100년 또는 공표이후 75년 중에서 더 짧은 쪽이 적용된다.

PM7,8

10. Patent Law(특허법)

1) 특허권은 기계(machine), 공정(process), 기술(art), 방법(method), 물질의 배합(composition of matter), 유전공학에 의한 식물이나 동물 등에 대한 발명으로 new and useful improvement가 되도록 하여야 한다.

2) 단순한 아이디어나 너무 뻔한 것은 보호받지 못한다.

3) 일반적으로 특허(patents)는 특허신청일로부터 20년간 유효하며, 디자인특허(design patent)는 특허발행일로부터 14년간 유효하다.

4) 이전에는 software와 인터넷을 통한 비즈니스 모델은 idea로 보아 특허법에 의해 보호되지 않는다고 하였으나, 최근에는 이를 발명(invention)으로 보아 특허법으로도 보호한다. ⇒ **즉, software는 copyright과 patent law 모두의 보호를 받는다. PM9,11**

5) 특허권 보호를 위한 규제수단

금지명령(injunctions)

특허침해로 입은 특허권자의 lost profit에 대한 손해배상
합리적 금액의 royalty 부과

11. 상표법(trademarks under Lanham Act)

1) 상표법은 상표로서 식별력이 있는 기호, 문자, 도형, 포장, 소리(distinctive graphs, words, shapes, packaging, or sounds) 등을 보호하기 위한 것이다.

EX. Coca-cola

2) 상표로 보호되기 위해서는 식별력(distinctive) 여부가 가장 중요하다.

3) 일반적으로 쓰는 말(generic word, ex. Software) 등은 식별력을 갖지 못하기 때문에 상표로 보호받을 수 없다

4) 과거에는 상표로 보호받았지만, 그 용어가 일반화되어 쓰는 말이 되면 보호받지 못한다.

EX. Escalator, Dry Ice, etc.

5) 상표는 최초로 상업적으로 사용함으로써(by its use in commerce) 상표를 취득할 수 있다.

6) 상표는 꼭 등록할 필요는 없지만, 등록하게 되면 상표권에 대한 constructive notice를 하게 되는 것이고, 등록을 하지 않은 경우에 비해 보호를 더 많이 받게 된다.

7) 상표권은 상실되지 않는다면 무한히 보호받을 수 있다(valid indefinitely). 단, 포기(actual abandonment)와 추정적 포기(constructive abandonment, 즉 상표권자의 방치)의 경우에는 상표권이 상실된다.

PM12

E12. Interests in Real Property

Possessory interest와 non-posessory interest로 나누고, 다시 possessory interest는 present interest와 future interest로 구분된다. Non-possessory interest에는 easement(사용권), profit(채굴권) 등이 있다.

13. present interest

현재 점유할 수 있는 권리로 **fee simple absolute, fee simple defeasible, fee tail, life estate** 등으로 나눌 수 있다.

14. **Fee simple absolute** [FS Absolute] – absolute ownership of potentially infinite duration, freely devisable, descendable & alienable.
법률상 인정되는 부동산의 모든 권리를 포함하고 있는 재산권
PM15

15. **Fee Tail** – To A & heirs of his body
직계자손에게만 유산상속되는 부동산

16. FS defeasible

1) **FS determinable:** 현재 점유하고 있는 권리가 일정한 사실의 발생에 의하여 자동적으로 종료(automatic termination)되고 점유할 수 있는 권리가 권리수여자(grantor)에게 돌아가는 재산권.
So long as, while, until, during 등의 문구가 따른다.

EX. *As long as the building is used for church purpose……*

2) FS subject to condition subsequent: 현재 점유하고 있는 권리가 일정한 사건의 발생후 권리수여자가 그 권리를 종료시키는 적극적인 행위(affirmative action)를 한 경우에만 권리수여자에게 돌아가는 재산권.

But if; however if; provided, however; on condition that; upon the condition 등의 문구가 따라온다.

EX. *To John Doe, but if liquor is ever served on the premises, the grantor has the right to enter the premises.*

3) **Life Estate:** 한 사람의 생애기간 동안 점유할 수 있는 부동산

EX. *Conveyance of land to John Doe so long as he shall live.*
PM19

17. Future interest

1) **reversion** : future interest reverts back to transferor at the end of tranferee's estate.

현재 점유하고 있는 부동산이 일정기간/조건을 경과하면 grantor에게 되돌아가는 권리

EX. *John conveys his land to "Jane Doe for life." John Doe has reversion.*

2) remainder: 제3자에게 이전되는 권리

EX. *John Doe conveys his land, "to Jane Doe for life, remainder to Timothy Kane and his heirs."*

18. Nonpossessory Interest in Land

1) easement(사용권)

다른 사람의 토지를 제한된 방법으로 사용할 수 있는 권리

Prescription [사용권에서의 prescription은 adverse possession과 구성 요건이 유사],
implication(암묵적인 합의),
necessity,
grant,
reservation 등에 의해 생겨난다.
PM21

2) Profit 채굴권

19. Concurrent Interest

1) Tenancy in Common [TIC, 공유권]

a) 공동소유자(tenants in common) 가운데 한 사람이 사망하면 그의 지분은 상속인에게 이전된다.

b) 공동소유자는 자신의 지분(interest)을 이전할 수 있지만, 재산의 특정부분(specific portion of property)만 골라서 이전할 수는 없다.

c) "each owns the whole"이라는 원칙이 적용되며 군이 재산의 특정부분을 골라서 이전하려면 우선 법원의 분할명령(judicial participation)을 받아서 분할한 후 이전하여야 한다.

PM18, A3-13

2) Joint Tenancy [JT, 합유]

a) 공동소유자(joint tenants) 가운데 한 사람이 사망하면 그의 지분이 다른 사람에게 넘어가게 된다. 즉 **right of survivorship**이 있는 것이다.

b) joint tenancy가 성립하기 위해서는 **possession, interest, time, title**에 대해 정하여야 하며, 회사는 joint tenant가 될 수 없다.

To create a joint tenancy with the right of survivorship, the PITT must be present, i.e, a TIC cannot be converted into JT by agreement.
말로만 합의한다고 해서 TIC가 JT가 되는 게 아니고 PITT가 갖춰지고 명시적으로 표시되어야 한다

c) JT는 공동소유자 간의 유대관계가 강하고, 소위 공동목적이 되는 경우가 많기 때문에 특별한 약정이 없으면 지분을 양도받은 자는 JT가 될 수 없고, TIC가 된다.

d) **A joint tenant may convert his JT into TIC.**
Joint tenant는 TIC로 바꿀 수 있다.

PM14, 20

3) **Tenancy by Entirety [TBE**, 부부합유**]**

a) 부부간에만 인정되는 합유로서 만일 이혼 등의 사유가 발생하면 TIC로 바뀐다.

b)

False transfer	Invalid (상대방 동의 없이 넘기면 JT나 TBE나 무효가 된다)

예. *TBE 상태인 부동산에 대하여 남편이 아내의 서명을 위조하여 아내 몰래 다른 사람에게 소유권을 넘길 경우에는 무효가 된다.*

F20. Ks for the sale of land—Marketable title

a) **Marketable title** is one that is free from unreasonable doubt in fact or in law. Marketable title (MT): the title must be free from an unreasonable risk of litigation related with mortgages, easements, liens, defects in the chain of title.
Marketable title이라 함은 담보권(mortgage, lien) 또는 지역권 등을 포함한 아무런 부담이 없는 소유권.

b) Title is considered marketable even if the property is subject to zoning restrictions, public easement [public right of way], or recorded easement.

PM29

G21. Types of Deed

※ 注意 ※
미국에는 **contract**와 **deed**가 따로 있고 분쟁이 발생할 경우 **deed**가 우선한다.

부동산에 관한 interest를 양도(conveyance)하는 경우, grantor가 grantee에게 교부하는 문서를 deed라고 하며 다음과 같은 종류가 있다.

1) **general warranty deed**

a) grantor는 자신이 title을 갖고 있고, 이를 이전할 권리[right to convey title]를 갖고 있다는 것을 담보하는 title이다.

※ 참고 ※

Present covenants[sec]	Covenant of **seisin** 점유권 Covenant against **encumbrance** (저당권 등의 설정이 없는) 무채무권 Covenant of right to **convey** 이전권
Future covenants[few]	Covenant for **further** assurance Covenant of quiet **enjoyment** Covenant of **warranty**

b) covenant for **quiet enjoyment**

grantor나 유효한 권리를 가진 제3자에 의해 양수인이 점유[possession]를 방해받지 않을 것이라는 점을 담보한다

c) covenant **free from encumbrances**

deed에 명시되지 않은 부담(encumbrances: 지역권 등)에 의해 grantee가 방해받지 않으며 이런 방해를 받을 경우 grantor에게 책임을 물을 수 있다.

PM24

2) bargain and sale deed

Covenants that grantor has done nothing to impair title.

3) **quitclaim deed**

no warranty of title.

※ 참고 ※

Quitclaim Deed http://www.escrowhelp.com/quitclaim.html	**General Warranty Deed (Express)**
Grantor는 책임면제 contains no covenants ** conveyances under a quitclaim deed give the buyer only that which the seller owns.*	다음 내용을 보장한다 i) Present Covenant(SEC) : Only to original Grantee (No run with the land) 1세대만 넘어가고 그 다음에는 running with the land하지 않는다. ii) Future Covenant **(FEW):** To all Grantee Grantor는 자신의 Grantee에게만 책임 부담 ** warranty deed를 convey했다는 것은 이미 defective하지 않은 deed를 넘겼다는 의미이다.*

22. Executing a deed

1) Deed must have **descprtion** of the real estate. (Deed의 작성)

a) deed에는 소유권을 이전하려는 부동산의 명세(description)는 나와야 하지만, 구매가격(purchase price)은 포함되지 않아도 된다.

b) **grantor**의 서명은 반드시 필요하나 grantee의 서명은 반드시 필요하지는 않다.

c) **delivery of deed** 가 반드시 있어야 한다.

There is an effective delivery when there are

① **conduct, wording, recording** evidencing

➔ 부동산을 취득할 때 보통의 경우 recording을 하는 것이 바람직하지만, wording만으로 충분할 수 있다. 만약 subsequent buyer가 unrecorded deed에 대해서도 충분히 인지(actual notice)하고 있다면. A1-14

② the grantor's **intent** that the deed have some

③ **present** operative effect;i.e. that title pass immediately and irrevocably, even though the right of possession may be postponed until the future.

d) grantor's **intent** to convey the title to the grantee가 필요하다,.

W+ P+ R+I+C➔ DOD

PM23,25

I. 23. Recording a Deed

1) 소유권 취득사실을 등기하여 세상에 알리는 constructive notice행위이다(=recording gives constructive notice).
※ 만일 recording을 하는 것이 actual notice[recording gives actual notice]라고 하면 틀린 답이므로 주의할 것. A3-15

2) 각 주(州)마다 다음과 같은 deed-recording 법이 있으므로 매우 주의해서 구분해야 한다.(30. Types of Mortagage Statutes 참조)

Pure **notice statute** 使用用語: ***notice - ... recorded*** "without notice there of, unless it is recorded"	BFP wins regardless of whether or not he records first, ➔BFP는 prior grantee와의 관계에서 자기가 ***record***하느냐에 상관없이 보호받는다. [즉 BFP에게 가장 유리하다]
Race-notice statute 使用用語: ***notice - ... first recorded*** *In race-notice jurisdiction, such as NY, when BFP purchases for value and without notice, the BFP will prevail over those who make a claim to the party.*	Unrecorded conveyance or other instrument is invalid as **against BFP for value without notice, who records "first." 즉, *먼저 record하는 자가 보호됨.** 둘 다 record 안한 상태에서는 먼저 취득한 자가 보호됨 (first-in-time rule) * without notice라는 말이 없어도 BFP+ first record일 경우에는 보호된다.
Pure **Race statute**(BFP와 무관) 使用用語: ***...first recorded*** *"A conveyance of an estate in land shall not be valid against a subsequent purchaser for value unless the conveyance is first recorded."*	notice는 상관없음. 무조건 먼저 record하는 자가 취득함➔ BFP 아닌 자도 보호받을 수 있다 * the most accurate reflection of title of property in the jurisdiction.

J24. Title Insurance

1) Grantee가 취득한 소유권에 우선하는 소유권, 저당권(mortgage), 지역권(easement) 등으로 인해 소유권이 상실되거나 소유권을 제대로 행사할 수 없는 경우에 대비하여 grantee가 가입하는 보험.

2) grantee는 보험에 가입하면서 보험료를 낮추기 위해 일정한 흠결(defect)에 대해서는 보험으로 보장되지 않도록 할 수 있는데, 이러한 예외(exception)는 보험증서에 기재해야 한다.

3) the title insurance 회사는 나중에 title에 대해 통상적인 합리적 주의(exercise of reasonable care)를 했는데도 문제(defects)가 발견되면 책임을 져야 한다.

PM28, A2-14

K25. Adverse Possession (AP, 점유취득시효)

1) 토지의 점유자(possessor)가 일정한 법정기간(statutory period) 동안 점유를 하였고, 그 점유가 일정한 요건을 충족하게 되면 점유자가 소유권(title)을 취득하는 것

2) 요건(Necessary elements)

a) **O**pen and Notorious Possession (공개적인 점유)

➔ reasonable notice to owner

b) **C**ontinuous Possession (지속적인 점유)

➔ need not be constant, but possession as normally used.

c) **E**xclusive Possession (배타적인 점유)

➔ possession to exclusion of all others 다른 사람들의 점유를 최대한 배제한 점유

d) **A**ctual Possession (실질적인 점유)

➔ possession of land consistent with its normal use[farming on farm land]

e) **N**on-Permissive[Hostile] Possession (적대적인 점유)

➔ does not occur when possession started permissively.
소유자가 허락해서 점유를 한 것은 해당하지 않음

➔ not satisfied if possessor acknowledges other's ownership.
점유자가 소유자의 소유권을 인정하는 경우에는 적대적 점유가 아니다.

PM30,31

Mneumonic : **OCEAN ➔ AP**

L26. Easement by Prescription

Easement를 AP와 유사한 방법[OCEAN]으로 취득하는 것

M27. Mortgages[저당권]

1) Mortgage란 부동산에 대한 담보권으로 채무자(debtor)는 채권자(creditor)에 대한 자신의 채무지급을 담보하기 위해 채권자에게 mortgage를 주게 된다. 이 경우 채무자는 mortgagor이고, 채권자는 mortgagee가 되므로 용어를 혼동하지 않도록 주의.

2) 집과 관련하여 mortgage를 설정하고 돈을 빌려주는 사람(mortgage lender)은 Real Estate Settlment Procedures Act[RESPA]의 적용을 받는다. PM32

3) first mortgage가 당연히 secondary mortgage보다 우선권(priority)을 갖는다. 특히 나중에 공개경매를 통해 부동산을 처분하고 난 뒤에 secondary mortgage는 first mortgage 이후에 자신의 지분을 주장할 수 있다. A2-15

28. Mortgage의 성립요건

1) mortgagor가 mortgage를 만들어 여기에 서명해야 한다.

2) mortgage는 부동산에 대한 권리**(interest in real property)**이므로 **Land K**로 보아 **SOF**의 적용을 받는다. 따라서 Must be in writing and signed by party to be charged가 되며 여기서 **'party to be charged'는 mortgagor**가 된다.

3) mortgage는 **real property와 부채(debt)에 관해 기술되어 있으면 되며,** 부채금액과 이자율 등은 기재할 필요없다.

4) mortgagor는 mortgage를 mortgagee에게 교부하여야 한다.
(Mortgage must be delivered to mortgagee.)

PM36

29. Recording of Mortgage

1) 등기를 하는 목적은 mortgagee(저당권자)가 mortgage를 취득했다는 사실을 세상에 알리기 위한 것, 즉 **constructive notice**를 위한 것이다.

2) mortgage를 등기하게 되면, 그 이후에 해당 부동산의 소유권을 취득한 **사람(subsequent purchaser) 및 그 부동산에 대한 mortgage를 취득한 자(subsequent mortgagee)로부터 mortagee가 보호**되는 효과가 있다.

3) 거래당사자(immediate parties)끼리는 등기(recording)가 없더라도 mortgage

<u>는 유효(enforceable)</u>

PM39

30. Types of Mortgage Statutes

1) Notice Type Statute

Subsequent mortgagee가 previous mortgagee에 대해 알지 못한 경우, **subsequent mortagee가 previous mortgagee에 대해 priorty[우선권] 주장 가능**

EX. *Banks A, B, and C, in that order, grant a mortgage to a property owener. None of these record the mortgage and none knows of the others. Between A and B, B has priority. However C has priority over B.*

2) Race-Notice Statute[Notice-Race Statute]

Subsequent mortgagee가 previous mortgagee에 대해 알지 못한 상태에서 먼저 **recording을 한 경우, subsequent mortgagee가 previous mortgagee에 대해 우선권(priority)을 주장할 수 있다.**

3) Race Statute

Subsequent mortgagee가 previous mortgagee보다 먼저 reocrding을 한 경우에만 priority 주장 가능

PM26,27,33

31. Mortgage가 설정된 부동산 처분시 buyer의 대응

1) assuming the mortgage

a) ※ the assuming grantee becomes primarily liable for the mortgage debts, (mortgage를 떠안은 사람이 1차책임을 지게 되고)

b) the mortgagor's liability is secondary or similar to that of a surety.

2) Taking title subject to the mortgage

a) ※ the mortgage continues to encumber the property but you, as a buyer, are not personally liable to pay the mortgage. (**su**bject to **mo**rtgage라는 말이 나오면 구매자의 개인책임은 없는 것이다)

b) ※※mortgage가 설정되어 있다는 것을 알면서(aware) 구매를 한 경우이므로 Mortgage가 recording 되어 있는 경우에만 적용될 수 있다.

C) 매수자는 mortgage가 있다는 것을 알면서 구매한 경우이므로 mortgagee에 대해 대항하지 못한다. 따라서 mortgagor가 채무를 불이행하게 되면 mortgagee는 그 부동산에 설정된 mortgage를 실행하여 그 부동산이 매각되도록 할 수 있다(Mortgagee may still foreclose on the property even in the hands of the buyer).

d) (注意1) subject to mortgage라고 말로 하면서도 payment of mortgage obligation을 assume한 경우는 결국 assumption이 이루어진 경우이다. 속임수 문제에 주의할 것. PM35

3) **Bona Fide Purchaser (BFP)**

a) buyer가 mortgage에 대해 모르고(**without notice**), 그 부동산을 구입한 경우

b) 위의 "without notice"라는 말은 "실제 통보도 없었고**(without actal notice)**" + "상황상으로 알 수도 없었던**(without constructive notice)**"를 의미한다.

c) 매수자가 BFP의 요건을 갖춘 경우에, **mortgagee는 그 부동산에 설정된 mortgage를 foreclose(경매처분) 할 수 없게 되므로 매수자는 mortgage가 없는 상태(free of the mortgage)로 부동산을 취득하게 된다.** A3-14

32. Rights of Parties

1) Mortgagor[debtor]는 mortgage가 설정된 부동산을 점유(possession)하며 이를 사용할 권리를 갖게 된다.

2) Mortgagee[creditor]는 mortgage가 설정된 부동산에 대한 담보권(lien)을 갖는다.

33. 담보권의 실행(foreclosure)

1) Mortgagor가 채무를 불이행(default)하게 되면 mortgagee는 채무자에 대한 권리를 mortgage와 함께 제3자에게 양도(assign)하거나 mortgage를 foreclosure해버릴 수 있다.

2) foreclosure란 법원에 대한 신청행위로 이를 통해 담보권을 매각할 수 있다. Foreclosure sale은 법원의 감독관리하에 하는 것이 특징이다.

3) ※※※

The equity of redemption right	Borrower has a right to redeem before the foreclosure sale to redeem the land. Mortgagor는 자신의 부동산에 대한 foreclosure세일이 완료되기 전 채무원금(principal), 이자(interest), foreclosure와 관련한 비용을 지급하고 foreclosure sale을 중단시킨 후에 자신의 부동산을 찾아올 수 있다➔ **즉 foreclosure 이전에 빚을 갚겠다면 받아주어야 한다.**
The statutory power [=statutory right of redemption]	The borrower has a right to redeem for some fixed period of time after the foreclosure. (Foreclosure sale에서 넘어간 금액을 지급하기만 하면 **foreclosure**가 끝났더라도 일정기간 내에 부동산을 되찾아 올 수 있는 법적으로 인정되는 권리)

PM37,38, A1-15

4) **Surplus and Deficiency after Foreclosure**

a) **foreclosure sale**에서 제반 관련비용을 제하고 남은 매각대금(proceeds from sale)에서 mortgagee에게 채무를 상환하게 되는데 이러한 상환 이후에도 매각대금이 남을 경우 이를 surplus라고 한다.

b) mortgagee는 surplus를 mortgagor에게 반환(return)하여야 할 의무가 있다.

c) **mortagor는 surplus를 반환받지 못했다고 해서 해당 부동산을 계속해서 점유할 수 없다.**

d) 만일 foreclosure sale 후에도 deficiency가 발생한다면 mortgagor가

책임을 져야 한다.

e) 만일 **buyer가 assuming the mortgage를 한 경우에는 Deficiency도 책임을 져야 하지만, subject to mortgage를 한 경우에는 buyer는 deficiency책임은 없다.** PM34

N34. Lessor–Lessee (Landlord Tenant Law) ※※※

1) lease란 임대인(lessor, landlord=LL)와 임차인(lessee, tenant) 간에 맺어지는 **임대차계약(contract)이자 점유의 이전(conveyance)**으로 구성된다.

2) **임대차계약(contract)에는 임대차 대상목적물에 대한 설명(description of leased premises)과 기본적 조건을 반드시 포함하여야 한다. 단, 임대료(lent)의 지급기일(due date)은 포함**하지 않아도 무방하다.

3) 1년 미만의 임대차계약(contract)은 SOF의 적용을 받지 않으므로 구두(oral)로 체결이 가능하다

PM40,42

35. Types of Tenancy

1) **Tenancy for years(a term of years)** fixed, determined period of time. You must know the termination date. No notice to bring this leasehold to an end.
일정기간(예. 6개월, 1년) 단위로 계약해가면서 사는 경우로 임차인에게 점유권(possession)을 부여하고, 그 기간이 종료되면 통고없이 임대차계약관계가 종료된다.

※ 1년이 넘을 경우 SOF의 적용을 받는다

2) **Periodic Tenancy** – continues for successive intervals until LL or T give proper notice for indefinite duration.
임대차계약을 종료하겠다는 별도의 의사표시가 없는 한 임대차가 자동으로 갱신.

3) **Tenancy at will** – a tenancy for no fixed duration, may be terminated at any time. However, a reasonable demand to Quit (vacate) is required. (임대차기간의 제한은 없고, 당사자들이 언제든지 임대차를 종료시킬 수 있는 임대차)

4) **Tenancy at sufferance** – wrongful holdover. Lasts until LL evicts(treating T as a trespasser) or elects to hold tenant to a new term of periodic tenancy.➜ T가 만기를 지나 뭉개고 있으면 주인은 이를 불법침입자로 간주하여 쫓아내든지 아니면 기존조건을 재갱신해서 밀어붙일 수 있다

(1) T breaches duty while in possession – LL may (a) evict (b) sue for rent due – No self-help

(2) T breaches but is out of possession – Surrender, Ignore & hold T responsible for unpaid rent; Re-let & hold T liable for any deficiency .
PM43

36. Duties of tenants

1) T's Duty to Pay Rent – 계약에 명시하지 않은 이상, T는 **<u>임대료 납부의무 무조건 준수</u>**. 예컨대, 장마, 화재, 천재지변(acts of God)의 경우는 물론 고속도로 건설 등 ~~공용수용~~(condemnation), 혹

은 LL가 계약내용을 일부 위반하거나, T가 사망해도 임대료 납부의무가 있다

2) **Duty to repair** – if lease is silent required to keep property in reasonably good repair.
임대부동산의 일상적인 수리책임이 있다(예. 전구교체).

3) 그러나 일상적인 수리(ordinary repair)가 아니고, 구조적 수리(structural repair)는 임대인(LL)의 의무이다.

37. LL's Duties (The Duty of the Landlord) 임대인의 책임

(1) **LL's duty to deliver possession** – LL must put T in actual physical possession at commencement or be in breach.
임대인은 임차인이 임대부동산을 점유하여 사용할 수 있도록 해야 한다.

(2) **Implied covenant of quiet enjoyment** – Neither lessor nor a 3P with a valid claim will evict T unless T has breached lease K. (임대인이나 제3자에 의하여 추방되지 않고 임대부동산을 점유할 권리가 임차인에게 있다.)

(3) **Implied warranty of habitability** – applies only to residential leases. This is non-waivable warranty. Standard – premises must be fit for basic human habitation.
거주가능성에 대한 담보책임, PM41

38. Assignment & Sublease(Subletting) – in the absence of a provision in the lease, a T may freely transfer his interest in whole (assignment) or in part (sublease).

임대차의 양도(assignment)와 전대(sublease)는 계약에서 특별히 제한하는 문구가 없는 한 임차인(T)이 자유롭게 할 수 있다.

1) assignment:

An assignment occurs if the T transfers the entire estate, or the blanace thereof, to the 3P. Places the transferee/assignee into a direct contractual relationship with the owner/LL.

LL과 양수자 간 직접적인 관계를 갖게 되고 모든 권리와 의무가 함께 양수도된다.

2) sublease(sublet)

If a lesser estate is conveyed so that the T retains an interest in the leasehold, the transfer is properly classified as a sublease. Contractual relationship remains between the original LL and T, remains between T and sub-T, but not between the original LL and the sub-T. (LL와 T 사이, T와 sub-T 간에 계약관계가 유지되며, LL과 sub-T 간은 아무런 관계가 없다)

note

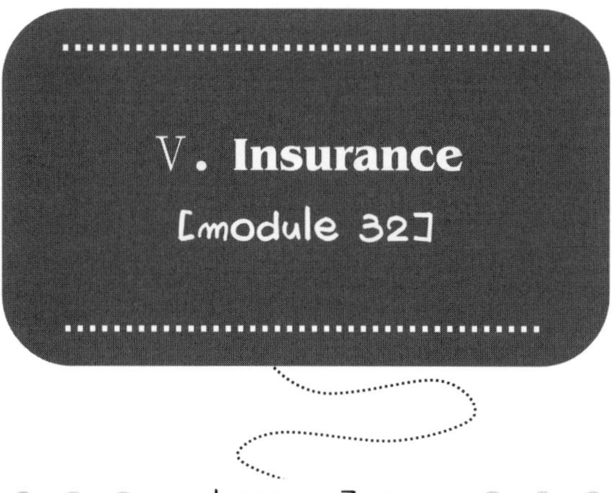

출제빈도 중간

보험은 다수인이 일정한 금액(보험료, premium)을 내어 일정한 공동기금을 만들고, 현실적으로 보험사고를 입은 사람에게 일정금액(sum insured, 보험금)을 지급하여 경제생활의 불안에 대비하는 제도로 보험을 통해 다수인이 위험을 분산하게 하는 제도.

B1. 보험계약 (Insurance K)

1) 피보험자(insured)가 보험료(premium)를 지급하고 보험자(the insurer)는 특정위험에 의해 보험사고(insured incident)가 발생한 경우 보험금(sum insured)을 수익자(beneficiary)에게 지급하기로 약속하는 것으로 보험계약은 일반적으로 unilateral K이다.

2) 여기서 위험이란 보험증서(insurance policy)에 특별히 정한 위험이다.

3) 피보험자가 보험가입신청을 하는 것(application)이 offer가 되고, 보험회사(보험자)가 보험증서(policy)를 발행하는 것이 acceptance가 된다. 보험증권의 교부(delivery of insurance policy)는 계약의 성립요건이 아니다.

2. 보험증서 (Insurance Policy)

보험증서를 발부한 뒤에 다음과 같은 사유가 발생하면 보험계약이 취소될 수 있다(**voidable**).

1) Misrepresentation

피보험자가 계약에 있어 중요한 사실에 대해 부실기재[ex. Nonexistent subject matter]를 한 경우

2) Breach of Warranty in the Policy

보험에 가입하면서 피보험자가 보험자에게 담보한 사항(warranty incorporated in the policy)을 지키지 않은 경우

3) Concealment

a) 피보험자(insured)가 보험가입신청(application)을 하면서 보험자에게 중요한 사실(material facts)을 알리지 않은 경우 보험자(insurer)는 보험계약을 취소할 수 있다.

b) 중요한 사실(material fact)이란 보험자(insurer)의 위험에 중대한 영향을 미치는 사실을 의미하는데 보험자가 보험가입신청을 받으면서 피보험자에게 질문한 사항들은 중요한(material) 것으로 인정된다. 따라서 이러한 질문에 올바른 답을 하지 않을 경우 고지의무 위반이 된다. KM23

Mneumonic: **MBC→ voidable VIP**

3. Insurable Interest (보험이익)

1) 피보험자(insured)와 보험사고(insured event) 사이에 일정한 상관관

계가 있어서 보험사고가 발생하면 피보험자가 상당한 손실을 입어야 하는데 이러한 상관관계를 보험이익(insurable interst)이라고 한다.

3) 재산과 관련된 보험 ※※※

a) 보험이익**(insurable interest)**이 존재하기 위해서는 그 재산에 대한 법률상의 이익**(legal interest)과** 금전적 손실을 입을 가능성 **(possibility of pecuniary loss)**이 같이 존재해야 한다.

b) Legal interest=ownership or security interest, judgment lient, etc.

c) 보험이익(insurable interest)은 보험계약을 체결하는 시점에 있을 필요는 없지만 손실이 발생하는 시점에는 반드시 있어야 한다 (must **be present at the time of loss**).

IM1,2,3,5

4) **Life Insurance (생명보험)**

피보험자(insured)는 자신의 생명이나 제3자의 생명에 대해 피보험이익을 가질 수 있는데, 제3자와 밀접한 가족관계 또는 제3자의 사망으로 인해 재산상 손실(pecuniary loss)을 입게 되는 관계 등이 있으면 제3자의 생명에 대해 피보험이익이 있다.

C4. Subrogation (대위)

1) 피보험자(insured)가 제3자로부터 입은 손해를 보험자(insurer)가 보상해준 경우, 보험자는 피보험자의 제3자에 대한 권리(불법행위를 한 제3자에 대한 손해배상청구권)를 피보험자를 대신하여 행사하여

그 제3자에 대하여 책임을 물을 수 있는데 이를 subrogation이라고 한다.

2) 피보험자가 손해를 야기한 제3자의 책임을 release해주었다면 보험자의 대위권을 행사할 수 없도록 한 것이 되어 보험자의 책임도 없다.

EX. *내가 운전을 하며 가던 중 다른 사람으로부터 부딪힘. 상대방의 잘못에 따라 상대방의 보험사로부터 보상을 받아야 하나 그러한 권리를 나자신의 보험사에 맡기는 경우* ***나의 보험사는 상대방의 보험사를 상대로 subrogation right을 행사****할 수 있다.*

IM4

D5. Liability Insurance (책임보험)

1) 피보험자가 제3자에게 과실에 의한 불법행위(negligence)를 하여 손해(accidental damages)를 입힌 경우 보험자가 피보험자의 책임을 대신하여 부담하는 것을 책임보험이라 한다.

2) 고의에 의한 불법행위(intentional tort, ex. fraud)의 경우에는 보험자의 배상책임이 인정되지 않는다.

6. Malpractice Insurance

1) 책임보험의 한 종류(a form of liability insurance)로서 의사, 회계사, 변호사 등이 업무상의 과실로 제3자에게 손해를 입힌 경우의 손해를 배상하는 것이다.

2) 다만, 업무상의 과실로 인한 손해(harm caused by errors or negligence

in work)에 한정하고 고의적인 과실에 의한 손해에 대해서는 배상하지 않는다.

7. Fire Insurance (화재보험)

1) 손해보험의 일종으로서 화재로 인한 손실은 물론, 화재를 진압하는 과정에서 사용된 물, 화학물질 등으로 인한 손실도 보상되는데 별도의 약정이 없는 한 화재로 인한 영업상의 손실은 보상되지 않는다.

2) 일반적으로 손해보험에는 특정재산을 대상으로 하는 "specific policy"와 계속 변동하지만 특정할 수 있는 재산(예. 재고자산)을 대상으로 하는 "blanket policy"의 두 가지가 있다.

8. Valued Policy and Unvalued Policy

보험계약을 체결하면서 보험가액을 미리 정하여 보험증서(policy)의 앞면에 이를 기재한 손해보험을 valued policy라고 하고, 보험가액을 미리 약정하지 않고, 손해가 발생한 시점에서 목적물의 공정한 시장가치(fair market value)를 보험가액으로 약정하는 것을 unvalued policy 또는 open policy라고 한다.

9. Coinsurance Clause (배상비율)

1) 보험금액(the amount of insurance)을 보험가액[보험목적물의 경제적 가치]으로 정할 필요는 없고, 보험가액의 일정한 비율(이를 coinsurance %라고 한다)까지만 보험에 가입하면 손실을 모두 보상받을 수 있는데 이를 coinsurance clause라고 한다.

2) 따라서 보험가액에 coinsurance %를 곱한 금액 이상으로 보험에 가입하지 않으면 손실을 모두 보상받을 수는 없고 보상받지 못한 손해는 피보험자(insured)가 부담하여야 한다

3) 보험가액은 때와 장소, 또는 여러 가지 상황에 따라 변화하므로 그 구체적인 가치는 손해가 발생하였을 때의 공정한 시장가치(FMV)에 의해 정해지는 것이 바람직하다.

4) total recovery =

$$\text{actual loss} \times \frac{\text{(amount of insurance)}}{\text{(coinsurance \%} \times \text{FMV of property at the time of loss)}}$$

EX. *A는 화재보험에 가입했고, 보험한도(즉 보험금액)는 $300,000 이고, 80%의 coinsurance clause가 있다. 화재에 의해 $300,000의 손실이 발생했고, 화재당시 집의 FMV는 $500,000 이었다. 보험회사가 지불해야 하는 보험금은 300,000 × (300,000 / 0.8×500,000)=$225,000 이다.*

5) 보험의 목적물이 완전히 멸실(totally destroyed)된 경우에는 위 공식이 적용되지 않고 보험금액의 범위 내에서 손실액 전액을 보상받을 수 있다.

IM6,7,8

10. Pro Rata Clause

피보험인이 여러 개의 보험을 들었을 경우 각 보험계약에서 정해진 비율에 따라 보상을 받는다.

note

note

Ⅵ. Employment & Environment
[module 30]

출제빈도 중간

A1. Fed Social Securities Act

1) 다음과 같은 기본사항을 보장하기 위한 것이다.
Hospital Insurance [의료보험]
Old Age Insurance [노령자보험]
Unemployment Insurance [실직자 보험]
Survivorship and **Disability** Insurance[재해자 보험]

※ 주의 ※
위의 hospital insurance에는 medicare 는 포함되지만, **저소득층과 신체장애자를 위한 의료보조금인 medicaid는 포함되지 않으므로 주의**할 필요가 있다. EM5

HousD Medicare→ SSA의 대상

2) 재원(sources of financing)

a) 근로자의 노령화, 재해, 의료보험 등을 위해서 Fed Insurance

Contributions Act에 근거하여 근로자와 사용자에게 세금(FICA tax)을 부과하고 있다.

b) 자영업자의 경우 노령화, 재해, 의료보험 등을 위해 Self-Employment Contributions Act에 의해 그들에게 세금을 부과하고 있다. A2-7

c) 근로자의 실업자 보험수당을 위해 Fed Unemployment Tax Act에 의해 사용자에게 세금(FUTA tax)을 부과하고 있다.

2. Fed Inurance Contributions Act (FICA)

1) 사용자와 근로자가 공동으로 납부하며, 사용자는 근로자가 내야 할 세금을 임금을 지불하면서 임금으로부터 원천징수(withhold)하여야 한다.

2) 사용자는 원천징수한 근로자몫과 같은 금액의 사용자몫을 모두 정부에 납부하여야 한다.

3) 또한 납세의무자의 ID number를 정부에 보고해야 한다. 이러한 보고의무를 소홀히 하면 벌금이 부과된다.

4) 사용자는 납부한 FICA tax중 자신의 몫을 소득으로부터 공제할(deductible) 수 있지만, 근로자는 자신의 몫을 소득으로부터 공제받을 수 없다.

5) 사용자는 근로자몫의 **FICA tax**를 자발적으로 대신 납부해줄 수 있다. 이 경우, 사용자는 근로자의 몫을 추가적 인건비로서 소득으로부터 공제받을 수(**deductible**) 있는 반면, 근로자는 추가적 소득으로서 이에 대한 소득세를 부담(**taxable**)하게 된다.

6) 강제성: 다른 연기금에 가입했다고 해서 FICA tax를 납부하지 않을 수 없다. 또한 Fed Social Security Act에 의해 보장되는 program을 받지 않겠다고 하면서 FICA tax를 납부하지 않을 수도 없다. EM4, 9,

3. Self-Employment Contributions Act (SECA)

1) 자영업자들의 노령화(old age), 재난재해(survivor's and disability), 입원비(hospital insurance) 등에 대비하기 위해서 self-employed persons의 net income에 social security self-employment tax를 부과하도록 한 법

2) self-employed persons라고 함은 자영업자, **partnership의 partner,** 회사의 이사**(corporate director)** 등이고 **independent contractor**도 여기에 포함된다.

3) Social security self employment tax rate는 FICA tax의 2배가 넘는다. 세율은 (6.2%+1.45%) × 2=15.3%이고 base amount가 있다.

4) self-employed person은 소득세를 계산함에 있어서 납부한 Social security self employment tax 의 50%를 소득에서 공제받을 수 있다. (tax return 1040 form의 adjusted gross income line 27에서 50% deductible)

4. Fed Unemployment Tax Act (FUTA) (연방 실업세법)

1) 이 법은 일자리 창출이 아니라 실업수당(unemployment compensation benefits)을 지급하는 데 주목적이 있다. FUTA tax는 근로자임금(wage)에 일정세율을 곱하여 산출된다. 다만 기본금액(base amount)이 있다.

2) Fed unemployment tax는 **사용자(employer)만이 납부하는 것으로 근로자에게 납세의무가 없다.** 사용자가 납부한 이 세금은 사업경비로서 fed income tax를 계산할 때 소득에서 공제가능하다 (deductible as business expenses)

5. State Unemloyment Tax (주 실업세법)

1) 주법에 의해 낸 unemployment tax는 FUTA tax에서 세액공제(credit) 가능하다.

2) 사용자의 해고건수 신고내역(the number of claim)에 따라서 주법에 따른 unemployment tax가 변동된다.

6. Definitions: Wages

1) wages (임금)

임금은 근로의 대가로 받는 모든 보상(all compensations for employment)을 의미한다. 예를 들면 생산성 향상에 따라 자동차를 해당 부서 직원들에게 선물했다면 이 또한 포함된다. EM8, SP1

2) FICA tax 및 FUTA tax는 사용자가 근로자에게 지급하는 임금(wages)을 기준으로 하여 부과되므로 임금의 정의는 매우 중요하다.

3) 임금에 포함되는 것

a) **M**oney Wages (금전성 임금)
b) **Base** Pay of those in services (기본급)
c) **C**ontingent fees (각종 수당)
d) Most **Tips**
e) **Bonuses** and Commissions

f) **Com**pensation not paid in cash (현금 이외의 보상) ex. car
g) **vacation and dismissal allowances** (휴가 및 해고수당)

Mneumonic : **MBC- TBC - VaDA→ Wages**

4) 임금에 포함되지 않는 것

a) **wages greater** than base amount (base amount를 초과하는 임금)

b) **reimbursed** expenses (사용자가 부담할 경비를 근로자가 지출하고 나중에 회사로부터 보상받는 것)

c) employee **medical** and hospital expenses paid by employer (사용자부담 근로자 병원비)

d) employee **insurance** premium paid by employer (사용자부담 근로자 보험료)

e) parent to employee **retirement plan** by employer (사용자부담 퇴직연금 납입액)

7. Definitions: Employees

1) 근로자(**employees**)란 작업의 결과(**results**)뿐만 아니라 그 방법(**method**)에 있어서도 사용자의 물리적 통제(**physical control**)를 받는 사람이다.

2) partner[파트너], self-employed person[자영업자], corporate director [이사], independent contractor[독립계약자]는 employee 취급을 받지 않아, 실업자수당 대상이 되지 못한다(not covered by unemployment

compensation). ➔ 이들은 SECA 적용을 받는다.

Mneumonic : **CD-S-P-IC ➔ non employee ➔ not covered**

4) Independent contractor는 방법(method)만을 알아서 하면 되고, 사용자는 결과(results)에 대해서만 책임을 따진다는 점에서 근로자(employee)와는 다르다(구분을 잘 해둘 것).

EX. *A house builder is only responsible about the results to the home owner.*

5) 따라서 사외이사(outside director)나 명예이사(honorary director)라 할지라도 그에 따른 수당(ex. Honorary director fee)를 받았다면 이는 employee로서가 아니라 self-employed persons인 것으로 취급된다. EM3

8. **Definitions:** Old-age, survivor's and disability insurance benefits (고령 및 장애 보험 benefits)

1) 근로기간에 따라 fully insured와 currently insured로 구분되며 여기에는

a) lump-sum death benefits (사망시 한꺼번에 지급되는 benefits)

b) benefits for disable workers and his/her dependents (장애근로자 및 가족용 benefits)

c) survivor benefits (유가족 benefits) 등이 있다.

2) 이혼한 배우자(divorced spouses=divorcee)도 이러한 benefits를 받을 수 있음에 유의해야 한다.

EM5

9. Benefits의 감액

1) 조기퇴직**(early retirement)**하면 benefits이 감액된다.

2) benefits을 받고 있으면서도 일정한도 이상의 **earned income**이 있으면 benefits이 감액된다.

3) earned income이란 일을 함으로써 얻는 소득을 의미하므로 사적 연금(private pension plans)으로부터 받는 연금, 이자소득, 투자소득, 보험금 등은 포함되지 않는다.

4) Limited partner가 limited partnership으로부터 받는 것은 투자소득(investment income)으로 간주되어 self-employment income이 아니다. EM6

10. Unemployment Benfits (실업수당)

1) 실업수당을 수령할 수 있는 자격과 금액은 **주법(stae law)**으로 정한다.

2) 자신의 아무런 잘못 없이**[no fault of their own]** 해고된 근로자만 이러한 실업수당을 받을 수 있다.

3) 정당한 사유 없이 자발적으로 직장을 그만두거나 정당한 사유로 해고된 경우 그 근로자는 실업수당을 받지 못한다.

4) 자영업자(self-employed person)도 실업수당을 받지 못한다.

EM2

Point ※※※

B11. Workers' Compensation Act [worker's compensation]

EE는 common law상의 권리를 포기하는 대신 자동적으로 보상을 받을 수 있도록 하여 맞교환을 하는 성격의 법이다. A1-8

1) statutory insurance scheme designed as exclusive remedy for aggrieved **employees** **hurt on the job.** 근로자가 작업중에 재해를 입었을 경우 그 재해로 인한 손해배상을 받는 것을 의미한다.

2) 사용자(Employers=ER)가 의무적으로 부담**(compulsory Statutory coverage)**하게 되는데 그 책임의 성격은 엄격책임(ER strict liabity)이므로 사용자의 과실(negligence or faults of employers)에 관계없이 발생한다. EM12,14

3) 사용자는 assumption of risk, Neglience of fellw employees, contributory negligence, comparative negligence 등의 common law상의 defense 사용이 불가능하다. (no defense for employers)

4) 근로자는 일반적으로 workers' compensation에 의해 손해배상 받을 수 있는 권리를 포기할 수 없다. 이러한 권리를 포기하는 고용계약서는 무효이다.

5) 사용자가 부담하는 workers' compensation이나 이를 위한 보험료는 사용자가 비용처리(혹은 제조원가 산입) 할 수 있다. 사용자가 지급하도록 주법에 되어 있으므로 이를 근로자 자신의 소득에서 공제(deduct)할 수 없다. EM7

6) 사용자는 workers' compensation에 대비한 보험에 가입해야 하는

데 보험 없이도 이를 지급할 능력이 있다는 것을 입증하면 보험에 가입하지 않아도 된다.

7) EE Get – all med, partial salary, disability benefits, death benefits, but No pain & suffering, no punitive. 업무상 다치거나 사망한 근로자에게는 의료비, 급여(2/3) 장례비용, 노동력상실로 인한 disability benefits, 근로자가 사망한 경우에는 death benefits이 지급된다. EM13,15

8) 근로자가 법에 따라 workers' compensation을 받은 경우, 사용자를 상대로 소송을 제기할 수 없다.
An agrrieved EE cannot sue his fellow EE for their N arising out of and during the course of employment, nor can he hold his ER vicariously liable for its negligence because of the workers' compensation statute.
피해입은 EE는 피해준 동료EE의 업무상과실이나 ER에게 책임을 물을 수 없고, Vicarious Liability책임도 물을 수 없다. EM11

9) 다만 사용자가 고의로(intentionally) 근로자를 다치게 한 경우에는 workers' compensation benefits 이외에 intentional torts(불법행위)로 사용자에게 책임을 물을 수 있다.

9) 출퇴근하다 재해를 입은 자(hurt off duty), 농업에 종사하는 근로자(farming workers)와 임시사무직 근로자(temporary office workers)는 적용되지 않는다. EM10

10) 근로자는 업무상 재해를 제기한 제3자를 상대로 직접 또는 보험사를 통해서 소송을 제기할 수 있다(subrogation)

11) 통지의무 : 업무상 재해를 입은 근로자는 업무상 재해가 발생하

면 그 사실을 신속하게[사고발생일로부터 30일 내] 사용자에게 통지하여야 한다.

12) 업무상의 재해(**occupational disease**) 뿐만 아니라 기존의 질병이 더욱 악화된 경우(**aggravated preexisting disease**)도 이에 해당한다. EM16

Mneumonic : **WC- SHE- MIS(2/3)S ER D/B but no farmers or temporaries, or off-duty injuries**
Workers' **C**ompensation
Under **S**tatutory **S**cheme
Hurt on the job
Employees

Medical
Intentional infliction of torts
Salary (2/3)
Strict Liablity For **ER**

Death and/or disability **B**enefits
But **no farmers, no temporaries**

EM2,7,10,11,12,13,14,15,16,

12. Occupational Safety and Health Act [OSHA]

1) 작업장의 안전기준(safety standards)을 수립하여 근로자의 안전도모(job safety)를 위한 법이다.

2) OSHA는 연방정부, 주정부, 그리고 일부 산업의 근로자를 제외하고는 거의 모든 근로자(almost all employees)에게 적용된다.

3) Occupational Safety and Health Adminsitration이 OSHA를 집행하는데 사용자 또는 근로자의 요청에 의해 조사를 할 수 있으며, 사용자에게 통지를 하지 않고 불시에 작업시간에 조사가 이루어질 수도 있다. EM17

4) OSHA의 위반자에게는 작업장개선명령(order to correct unsafe conditions) 등을 내릴 수도 있고, 고의적인 위반(willful violations)자에게는 벌금(civil penalities) 또는 징역에 처할 수 있다.

13. Title VII of the Civil Rights Act of 1964

1) 사용자가 고용인을 채용(hiring), 승진(promotion), 이동(transfer), 해고(firing), 또는 보상(compensation)을 하는 데 있어서 종교(religion), 인종(race), 국적(nationality), 성별(sex) 등을 이유로 차별하지 못하도록 하는 법이다.

2) 주간통상(interstate commerce)에 종사하는 사업을 하는 15인 이상의 근로자를 가진 사용자나 노동조합에 적용된다.

3) 사용자는 다음과 같은 이유로 항변을 할 수 있다.

a) 직업상의 자격요건(외국어, 컴퓨터, 자격증 등 bona fide **q**ualification)
b) 연공제 및 실적제(seniority or **m**erit system)
c) 전문적 능력시험(professionally developed **a**bility)
d) 국가안보(**n**ational security)

Mneumonic : **Religious RNS Under CRA not discriminated in HP + CF, but in MNA quaflicjation**

14. Age Discrimination in Employment Act (ADEA) ※※※※※

1) 직장에서 연령에 의한 차별을 금지하기 위한 법으로 40세 이상의 근로자에게 연령을 이유로 HPCF(채용, 승진, 보상, 해고)상의 차별을 못하도록 하며, 70세 미만의 근로자에 대한 강제퇴직(mandatory retirement)을 금지시키는 법이다.

2) 차별을 당한 근로자는 금전적 손해배상(monetary damages—체불임금 요구), 복직(reinstatement), 승진(promotion) 등의 구제수단(remedies)을 가질 수 있다.

EM19,20

15. Equal Pay Act (EPA)

1) 임금지불에서 남녀차별을 금지하는 것으로 EEOC에서 규율된다.

2) 사용자(ER)는 동일노동(equal work)에 대해 동일임금(equal pay)을 지급하여야 한다.

3) 동일노동에 대한 차별적 임금(differential wages)은 연공제(seniority system), 실적제(merit system), 작업의 질(quality of work) 등에 따라 정당화될 수도 있다.

4) 이 법은 임신을 이유로 차별을 못하게 하는 **Pregnancy Discrimination Act 및 Family and Medical Leave Act**와 연관성이 있으므로 함께 알아두어야 한다. EM18

16. Amercians with Disabilities Act (ADA)

1) 이 법은 근로현장에서 장애인을 차별하지 못하도록 하며, 장애인에게 **reasonable accommodation and public service**를 제공하여 장애인이 큰 어려움 없이 일을 할 수 있도록 하기 위한 것이다.

2) 단, 이 법은 장애인을 강제로 고용하도록 하는 것은 아니어서(not to force the manatory employment of the disabled) 사용자는 장애인을 고용하기 위한 계획을 별도로 수립할 필요는 없다. A3-6

3) 사용자가 일을 할 수 있는 장애인(qualified person with a disability)에게 HPCF에 있어서 장애인을 이유로 차별하는 것을 금지하고 있다. EM22,23,

4) **Reasonable accomodation**

장애를 가진 근로자에게 합리적인 범위 내에서의 편의를 제공하면 그 근로자가 중요한 일을 수행할 경우, 사용자는 적절한 편의를 제공해주어야 한다. reasonable accommodation[합리적인 편의제공]이란 새로운 장비구입(acquiring new equipment), 탄력적 작업시간 설정(establishing flexible working hour), 작업계획수정(modifying work schedules) 등을 포함한다.

5) **Undue Hardship**

사용자가 장애를 가진 근로자에게 합리적인 편의를 제공해주는 것이 undue hardship (지나치게 부담)이 된다는 것을 입증하면 편의를 제공하지 않아도 된다. Undue hardship 이란 "매우 어렵거나 비용이 많이 드는 것(significant difficulty or expense)"을 의미한다.

6) **Public Service**

대중교통(public transportation) 및 대중용편의시설(public accommodations) 등을 의미하는데 민간기관(private entites)에서 운영하는 public services도 여기에 포함된다. ADA에 따라 이러한 public service의 이용가능성(access)를 높여주어야 한다. EM21

17. Family and Medical Leave Act (FMLA) ※※※※※

1) **50인 이상** 근무하는 직장에서 **1년 이상(1250시간)** 근무한 직원에게는 가정상의 문제, 질병으로 인한 휴직 등을 보장해주기 위해 사용자가 **12주일간**의 무급휴가**(without pay)**를 보내줄 수 있도록 한 법이다.

2) 휴직사유

a) 근로자의 중병(EE's serious **health problem**)
b) 부모, 배우자, 자녀의 병간호(care for serious health problem of parents, spouses, or child)
c) 자녀의 출산육아**(birth and care of baby)**
d) 양자입양(**adoption** or foster care)

EM24,25

18. Consolidated Budget Reconciliation Act (COBRA)

1) 근로자가 직장을 그만둔 후 자신의 선택에 따라 이전에 가입한 직장의료보험**(group health coverage)**을 **18개월**동안 그대로 유지할 수 있도록 한 법으로 보험료는 지불해야 한다.

2) 근로자가 중대한 잘못(gross misconduct)으로 인해 해고된 경우에는 COBRA의 혜택을 받을 수 없다. EM29

F19. Fair Labor Standards & Union

1) Fed Fair Labor Standards Act ※※※※

a) 연방법으로 법정최저임금(minimum wages) 및 주당근로시간(maximum weekly hours) 등에 관해 규율하고 있다.

b) 주당 40시간을 초과하는 노동에 대해서는 **통상임금의 1.5배의 초과근무수당(time-and-a-half provision)**을 지급해주어야 한다. EM27

c) 최저임금과 초과근무수당은 **전문직종사자(professionals), 외판원(outside salesperson) 등은 적용되지 않는다.**

d) 택시운전사, 철도종업원 등은 최저임금의 적용은 받지만, 초과근무수당의 적용은 받지 않는다.

e) 근로자의 임금을 계산할 때 **시간, 주, 월 단위를 기준으로 계산할 수 있다.** EM26

f) 미국 노동부(Department of Labor)에서 이 법을 집행하며, 이 법을 위반한 사용자에게는 벌금이나 감옥형을 내릴 수 있다.

2) National Labor Relations Act(NLRA, Wagnor Act)

a) 근로자에게 노동조합(labor union)을 만들수 있도록 허용하고, 지원하는 법이다.

b) 사용자는 노동관련 사항(work-related issues), 예를 들어 해고(firing practices), 작업시간(working hours), 퇴직규정(retirement rules), 안전조항(safety conditions), 임금(여기에는 sick pay, vacation pay 등도 포함된다) 등에 대해서는 노조와 협의하여야 한다. EM28

3) **Taft-Hartly Act [THA]**

a) secondary boycotts, featherbedding(필요 이상으로 근로자를 고용하도록 사용자에게 강요하는 것) 등을 금지하는 법으로 노동조합의 불공정관행(unfair labor practices)을 금지하기 위한 것이다.

b) 파업 이전의 냉각기간(cooling-off period)에 관해 규정되어 있다.

4) **Landrum-Griffin Act [LGA, 노조법]**

a) 노동조합 내부의 민주화를 위한 법으로 노조의 재무상황 보고(financial reporting), 노조간부의 부정 행위(misdeed)에 대한 민형사소송(civil and criminal action) 등을 규정하고 있다.

b) 노조집행부의 선출, 조합총회 등에 있어서 조합원에게 권리를 부여하고 있어서 노조원들의 권리장전(bill of rights for union members)이라고 할 수 있다.

20. Employee Retirement Income Security Act of 1974(ERISA) ※※※※

1) 사용자가 pension plan을 갖고 있을 경우 ERISA에 따라 일정기준을 맞추어야 한다.

2) 근로자가 pension plan에 납입한 금액(**EE contributions** to pension

plan)에 대해서는 근로자의 퇴직 이후 pension benefits을 받을 수 있는 권리를 즉시 부여해야 한다**(vest immediately)**

3) 사용자가 pension plan에 납입한 금액(**ER contributions** to pension plan)에 대해서는 pension benefit을 받을 수 있는 권리를 해당 근로자가 고용된 시점으로부터 **5년~7년이후부터** 부여해야 한다.

4) pension plan에 의해 적립된 자금은 사용자가 관리하되, **ERISA 규정에 따라** 오용(avoid mismanagement)을 막기 위해 상세한 기록 및 보고의무(annual reports)에 따라야 한다.

5) 사용자는 근로자가 pension plan에 가입하는 것을 지연시킬 수 없다

6) pension plan은 contributory pension plan 과 noncontributory pension plan으로 구별할 수 있는데 **noncontributory pension plan에 있어서는 ER만이 pension plan에 납입**하고, 근로자는 납입할 필요없다.

※ 중요하므로 다음표를 암기할 것 ※

contributory pension plan	ER이나 근로자 모두 납입이 가능하다.
noncontributory pension plan	**ER**만이 **pension plan**에 납입하고 근로자는 납입할 수 없다.

EM30,31, C1

O21. Environmental Regulation

1) CL approach

환경에 관한 법률이 제정되기 이전에는 CL상의 doctrine of

nuisance(安穩妨害 nuisance if substantial and unreasonable interference with one's use and enjoyment of private land)에 의거하여 불법행위의 한 유형으로 보아 손해배상과 금지명령(injunction)을 내렸다.

2) Liability for Negligence

사용자(피고)가 공해물질 배출을 통해 예측가능한 피해(foreseeable harm)를 주지 않도록 하기 위하여 합리적인 주의(reasonable care)를 하지 못하여 원고가 피해를 입었다는 것을 원고가 입증하게 되면 피고는 원고에게 과실에 의한 손해배상책임을 지게 된다.

3) SL

공해관련 책임입증이 쉽지 않으므로 엄격책임(무과실책임, strict liability) 개념을 도입하여 피해자의 입증의 어려움을 완화해 주었다.

22. 연방법에 의한 규제

1) 미국 환경청(Environmental Protection Agency, EPA)

a) 행정명령(administrative orders)과 과징금(civil penalties)을 통해서 환경에 관한 연방법들이 잘 준수되도록 하고, 위반자들을 상대로 민·형사소송이 제기되도록 법무부에 통보하는 역할을 한다.

b) 환경관련 규제조치 권고안을 발의하고, 환경관련 법규를 연구한다.

c) 일반 민간인이 환경법 위반자를 상대로 직접 소송을 제기할 수도 있고, 환경청(EPA)을 상대로 환경법을 위반한 자에 대해 법을 집행하도록 소송을 할 수도 있다.

d) 환경법 위반자에 대해서는 주정부도 소송을 제기할 수 있다.

A3-8

c) 그러나 일반인(private citizens)이 환경법위반자를 상대로 제기한 소송에서 미국환경청**(EPA)**은 원고를 도와줄 수는 없다.

EM37, 41

2) National Environmental Policy Act [NEPA] ※※※※

a) EIS의 "환경"에는 문화적(cultural and national heritage interest), 미적(aesthetic) 환경뿐만 아니라, 자연환경(natural environment) 등도 포함된다.

b) 모든 연방기관들(all fed agencies)이 법을 제정할 때 환경영향평가보고서(environmental impact statement, EIS)를 작성하도록 하여 환경적인 요소를 고려하도록 의무화한 것이다.

c) EIS에는 다음과 같은 내용이 들어가야 한다.

(1) 피할 수 없는 부작용(unavoidable adverse consequences of action, **UAC**)

(2) 목적달성을 위한 다른 대안의 존재여부(alternative to achieve goals, **AAG**)

(3) 예상되는 환경에 대한 영향(expected impact on environment, **EI**)

Mneumonic : **CANE**을 든 **U-A-E**선수들의 **NEPA** 뇌파엔 **EIS**뿐이다

c) **NEPA**의 enforcement는 주로 환경법을 위반한 사람들에 대한 소

송을 통해서 이루어진다.

EM37, 42, A3-9

23. Clean Air Act [CAA]

1) 미국환경청은 자동차와 같이 움직이는 공해원(**mobile** sources)와 공장과 같이 움직이지 않는 공해원(**stationary** sources)에 대한 배출기준(air quality standards)을 설정할 수 있다.

2) 산성비(acid rain)나 오존층(ozone layer)에 영향을 미치는 여러 가지 오염물질(toxic pollutants)에 대한 규제 및 원자력 발전소의 방사능 물질(radioactive particle)의 배출(emissions)에 대한 규제가 이루어지고 있다. 자동차의 배출기준을 위반한 차량들의 리콜(recall)도 이 법에 따라 이루어지고 있다.

3) 일반인도 이 법에 따라 위반자에게 소송을 제기할 수 있는데 일반인이 승소할 경우, 변호사비용(**attorney fees**)을 포함한 소송비용(**court costs**)도 받을 수 있다.

4) **EPA**는 위반자가 법을 위한함으로써 얻은 효익(**benefits**)에 해당하는 금액만큼 과징금(**civil penalties**)을 부과할 수 있다.

5) 고의성이 있는 위반자는 법무부에 통보하여 벌금(criminal fines)이나 징역형(imprisonment)에 처하도록 할 수 있다.

EM39,40,43

24. Clean Water Act (CWA)

1) rivers, seas, ponds, wetlands, streams 등의 오염을 제거하거나 방

지하기 위한 기준(standards)을 설정할 수 있다.

2) 이 법에 의해 핵발전소(nuclar power planst) 등에서 배출되는 온수(heated water)도 규제되고 있다.

EM33

25. Safe Drinking Water Act [SDWA]

1) 상수도(public water systems)에 의해 가정에 공급되는 수돗물의 안전성(safety of water)을 규제하기 위한 법이다.

2) 마실 수 있는 우물(wells for drinking water)에 쓰레기(waste)를 버리는 것도 이 법의 규제대상이 된다.

EM38

26. Fedearl Insecticide, Fungicide, and Rodenticide Act(FIFRA)

1) 살충제(insecticide), 살균제(fungicide), 쥐약(rodenticide), 제초제(herbicide) 등의 판매 및 사용을 규제하기 위한 법이다.

2) 살충제, 제초제 등을 판매하기 위해서는 EPA에 등록(registration)을 반드시 해야 한다.

3) 이 법은 각종 곡물사료(food crops)의 제초제의 잔존량(**amount** or **quantities** of pesticide residue)을 제한하고, 각종 표시(**labeling**)에 대해 관여한다.

4) 이 법에 따라 EPA는 ⓐ 사용법의 승인(**certify** them for general or

restricted use), ⓑ 등록거부(**d**eny registration), ⓒ 조건부 등록허용 (**g**rant conditional registration when useful until effects known) ⓓ 등록의 중지(**suspend** registration) 등의 조치를 취할 수 있다.

5) 일반인은 EPA에 등록의 중지 및 취소청원(petition)을 할 수 있다

Mneumonic: **FIFRA is about-GS-CD-PR in LA**

EM35

27. Comprehensive Environmental Response, Compensation, and Liability Act (CERCLA) ※※※※※

1) **superfund** legislation이라고도 알려져 있으며 위험한 화학물질 제조업자(manufacturers of dangerous chemicals)에게 세금을 매기도록 한 법이다.

2) 위험물질(hazardous substances)의 생성과 운송에 관해 규제하고 있는데 이 때 위험물질에는 석유(petroleum)와 천연가스(natural gas)는 포함되지 않는다.

3) 이 법에 따라 정화(cleanup)가 필요한 오염된 지역(hazardous waste site)을 파악하고, 이를 정화하는 데 필요한 비용에 대해 누가 책임을 부담할지에 대해 결정하고 있다.

4) 정화비용**(cleanup cost)**과 환경파괴에 의한 손해배상 (hazardous waste sites)을 파악하고 이를 정화하는데 필요한 비용에 대해 누가 책임을 부담할지에 대해서는 다음과 같은 자들이 **joint and several liability**를 부담하게 된다.

a) 과거에 오염지역을 소유하거나 관리한 자(**p**ast **o**wners or operators

of site)

b) 현재 오염지역을 소유하거나 관리하는 자(**c**urrent **o**wners or operators of site)

c) 오염지역에 오염물질을 운송한 자(persons who **transported** wastes to site)

d) 오염지역에 오염물질을 운송하도록 arrange한 자(persons who **arranged** to have waste transported)

Mneumonic : **CERCLA:**
J S-Cleanup-은 PO-S-CO의 TA다

5) 이 경우 정화비용에 관한 책임은 엄격책임(SL)에 근거하고 있으며 피고에게 가능한 항변은 acts of God (천재지변), 전쟁(act of war), 제3자의 행위(act of unrelated 3 P) 등이다.

6) 정화비용에 대한 책임은 **joint and several liability**이기 때문에 오염에 대해 일부책임이 있는 사람에게도 정화비용 전체에 대한 책임을 물릴 수 있다.

7) 오염을 야기한 일반인(private parties)의 법적책임은 CERCLA에서 다루고 있지 않으므로 일반인은 CL에 의한 소송을 통해 손해를 배상받을 수밖에 없다.

EM32,36,44

28. 환경법의 준수여부에 관한 감사(environmental compliance audits)

1) 환경에 관한 연방법 및 주법을 준수하고 있는지를 체계적이고

객관적으로 검토하기 위한 감사이다.

2) 감사의 목적

a) 환경법 위반사실 및 환경법 위반이 될 수 있는 관행을 미리 발견하여 회사는 환경문제로 인한 소송위험을 회피**(avoid litigation)** 할 수 있다.

b) 자발적으로 위반사실을 발견함으로써 형벌**(criminal sanctions)**을 피할 수 있다.

c) 증권관련법의 공시의무**(disclosure requirements)**를 이행할 수 있다.

Mneumonic: **A**void **LCD**
(**li**tigation **C**riminal + **D**isclosure through Audit

note

note

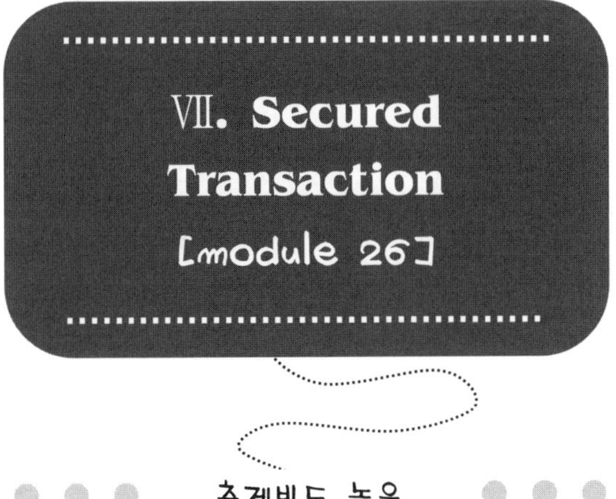

출제빈도 높음

1. 채권자(creditor)와 채무자(debtor) 간의 개인적인 채무변제약속 이외에 다른 보장수단을 얻고자 하는 경우, 담보물(collateral)을 확보함으로써 담보부거래(secured transaction)를 하게 된다. 이때 부동산이 담보일 경우에는 mortgage라고 불리우며 property law의 적용을 받게 되는 반면 **동산(personal property)**이나 **가구(fixture)**의 경우 **UCC article 9의 적용**을 받게 된다.

2. **UCC article 9**의 **담보물(collateral)**의 종류

personal property [=PIG Fix]

1) commercial paper

a) negotiable instrument 유가증권
(bonds, stock, document of title, chattel paper, promissory note, commercial tort claims)

b) commodities, and commodities accounts

2) intangible property

a) accounts receivable

b) general intangibles(copyrights, patents, good will)

3) Goods [ICE raw Farm]

a) **i**nventory [판매 및 대여영업을 위해 보유하는 물건]

b) **c**onsumer goods [personal, family or household purpose, 개인용이나 가족용 또는 가정집용으로 구매한 경우]

c) **e**quipment [사업에 사용하는 물건]

d) **raw** materials

e) **farm** products[농업용 가축(livestock), 농작물(crops) 및 농기구]

※ 참고 ※

개인동산(personal property)의 경우, 유형동산(tangible personal property)과 무형동산(intangible personal property)으로 나눌 수 있다. 그 중에서도 특히 유형동산은 사용용도에 따라 명칭이 달라진다. 예를 들어 냉장고의 경우 채무자(debtor)가 채권자(creditor)에게 담보물(collateral)로 제공했다면,

i) 집에서 사용하던 냉장고였다면 ➔ consumer goods

ii) 냉장고가게를 운영하던 주인이 가게에서 판매하던 제품이었다면 ➔ inventory

iii) 식당을 운영하는 사람이 사용하던 대형냉장고였다면 ➔ equipment가 된다.

4) Fixtures: Fixtures on realty – if a screw driver is needed to remove it, consider it a fixture. If it can be unplugged from the wall and removed, it is not a fixture.

3. But UCC Article 9 not applicable for

1) **real property** (부동산)

2) **assignment of wage** claims (담보목적으로 급료나 임금, 또는 다른 고용의 대가로 받은 보상을 양도하는 것)

3) **statutory liens** (주법상의 수리공 artisan's lien과 건축업자 mechanic's lien)

4) **checks, drafts,** or **certificate of deposits**

Mneumonic: **Under Article 9 of the UCC**
Fix the **PIG Raw from ICE Farm, but not the RAW CDS**

Fixture
commercial **Paper**
Intangible property
Goods which include

Inventory
Consumer goods
Equipments
Raw materials
Farm Products

But not [under the revised UCC Article 9]
Real property
Assignment of wage claims
Checks, **D**rafts, or Certificate of Deposits
Statutory liens

B4. 담보권의 설정(attachment of security interest)

1) 담보권이 설정되면 담보권자(secured party)는 채무자(debtor)에게 담보권의 효력을 주장할 수 있다.

2) 담보권이 설정되면 해당 담보권에 대해 알고 있는 제3자(third parties actually aware of security interest)에 대항해 우선권(priorities)이 생기게 된다.

3) **Attachment**의 설정요건

Attachment makes security interest "enforceable" **and** there are three basic requirements for a security interest to attach

① The debtor agrees to grant a security interest in the specific property to the creditor for the value the secured party gave.
담보권자가 value를 지불하여 채무자는 특정부동산에 대해 security interest(담보권)을 제공하기로 동의한 경우

※ 여기에서 value란 consideration[약인]을 제공하겠다는 약속을 포함해서이나 preexisting claims가 있는 경우이다.

② **contract,** or security agreement, must evidence the secured transaction unless the secured party has taken possession of the collateral.

③ the debtor must have rights in collateral
채무자가 담보물에 대한 ownership이나 점유권(possessory right)의 일부가 있어서 담보권을 설정할 수 있는 권리를 갖고 있어야 한다.
[can be expressed by **signing** the security interest, **possessing** and

controlling the collaterals]

Mneumonic: **attach SPC VCR**

STM1, 5,6

예. *John Doe가 Citibank에서 돈을 대출받아 소파를구입한다고 가정할 경우, Citibank는 12월 1일 대출신청을 받아 12월 3일 대출하기로 승낙하면서 구입할 소파에 대한 담보권(security interest)을 요구하였고 John Doe는 이에 동의하였다. John Doe가 Citibank에게 12월 4일 돈을 받아 소파를 12월 5일 구입하였다. 12월 3일에는 담보권을 설정(attachment)한다는 합의(contract=secrutiy agreement)와 대가(value)의 지급이라는 두가지 요건만 충족되었다. 세가지 요건이 모두 충족되는 시점은 John Doe가 소파를 실제 점유하여 rights in collateral 이 생겨나게 되는 12월 5일이며 이날 담보권이 attachment가 되는 것이다.*

C5. 담보권의 완성 (Perfection of the Security Interest)

1) The signed security agreement must be "perfected" to cut off the interest of a subsequent purchaser, subsequent creditor, or by the debtor's subsequent trustee in bankruptcy. A security interest may be perfected by the creditor: **The key is notice－notice to other potential creditors of the debtor that a security interest might exist with respect to the collateral.**

2) 동일 담보물에 대해 여러 개의 담보권(security interest or lien)이 설정될 수 있는데 담보권 완성이란 담보권자(secured party)가 다른 담보권자에 우선하여 자신의 채권(claim)을 확보하기 위해 필요한 절차, 즉 우선권(priorities)을 확보하기 위한 절차라고 할 수 있다.

3) 담보권의 완성은 동일 담보물에 대해 이해관계를 갖고 있는 제3

자에게 담보권자의 담보권을 통지(notice)하여 다른 후순위 담보권자를 끊어주는 효과를 갖고 있다.

STM7,8

4) 3가지 담보권 완성방법

※ 이미 attachment가 된 담보권만 perfection이 될 수 있다.

a) filing financing statements

일정사항이 기재된 financing statements를 record office 등에 제출하여 담보권을 perfection하는 것

b) Possession of collateral

담보권자가 담보물을 점유 또는 통제함으로써 담보권을 perfection하는 것

c) automatic perfection of most consumer goods

일정요건이 충족되면 perfection을 위한 추가절차 없이 자동적으로 담보권이 perfection되는 것

Mneumonic : **A-F-P for perfection**

STM 7,8

6. Filing Financing statements

1) financing statements에는 다음 내용이 기재되어야 한다.

a) debter's **name (**채무자 성명)

b) secured party's **name (**담보권자 성명)

c) **identification** of collateral covered **(**대상담보물의 명세)

—description such as all assets are sufficient.

2) 담보권 설정계약서(security agreement)가 있어서 financing statements

의 요건을 충족하는 경우 담보권 설정계약서를 filing할 수 있다. STM9

3) filing은 state law(주법)에 따라서 규율되는데, 담보물의 종류에 따라 county recorder's office (군등기소)나 Secretary of state 등에 filing되며 전자적 방법도 가능하다.

4) 담보권의 설정(attachment)과 filing이 모두 이루어지는 시기에 담보권(security interest)은 완성된다. 따라서 filing에 의한 perfection의 요건은 attachmetn와 filing이라고 할 수 있다.

7. Perfection by secured party's control(possession) of collateral

1) 돈(money), 유통증권(negotiable instruments), 유가증권(certified securities), 유형동산 증명서(tangible chattel paper) 등은 실제 점유(possession)를 해야만 담보권이 완성된다. STM11

EX. *Paul wishes to borrow money from HSBC bank by using several shares of stock he owns. In addition to completing the three steps needed for attachment, the bank must possess the shares in order to perfect. Filing is not effective in this case.*

2) 그 외의 경우, 담보권은 filing 이나 control 에 의해서 perfection 될 수 있는데 일반적으로 채무자는 담보물의 점유를 담보권자에게 이전하는 것을 원하지 않는다.

※ 담보권자에게 담보물의 점유를 이전하는 대표적인 경우가 전당포업자(pawn broker)이다.

3) possession보다 control에 의하여 perfection이 이루어지는 경우는 신용장(letter of credits) 등을 예로 들 수 있다.

8. Automatic Possession

담보권이 perfeciton을 위한 추가적인 절차 없이 자동으로 perfection이 되는 경우로 담보권자를 보호하는 데 목적이 있다. 대표적인 예가 PMSI(purchase money in security interest in consumer goods), 약속어음의 판매(sale of promissory notes), proceeds of sale of perfected security interest 등이다.

9. Purchase Money Security Interest in Consumer Goods [소비자용품 담보부 할부금융] ※※※※※※※※※

1) 외상으로 물건을 판매한 매도인이 그 물건에 대해 담보권을 갖는 경우(seller retains security interest in the same item sold on credit to secure payment)와 물건을 구입하도록 돈을 빌려준 사람이 빌려준 돈으로 구입한 물건에 대해 담보권을 갖게 되는 경우(a person or a bank provides loan for and retain security interest in the same item purchased by debtor)를 의미한다.

2) consumer goods란 채무자가 담보물을 주로 개인용 또는 가정용으로 구입하기 위해 구입한 것을 의미한다.

3) 소비자용품(consumer goods)에 PMSI가 설정(attachment)된 경우 자동적으로 완성(automatic perfection)이 된다. ➔ 반면, 재고제품(inventory)나 장비(equipment)의 경우 등록[filing of financing statements] 등의 절차를 반드시 거쳐야만 PMSI가 될 수 있다.

Q.	A.
냉장고를 구매했을 경우 PMSI 는?	

4) 담보물이 자동차(motor vehicles)나 트레일러(trailer)인 경우에는 PMSI in consumer goods라고 할지라도 automatic perfection이나 perfection by attachment가 안된다.

※※※자동차의 경우, PMSI에 대한 perfection은 소유권 증명서(certificate of title)에 담보권을 기재하고, 이를 주정부에 filing함으로써 이루어진다.

Mneumonic : **Motor vehicle→ write security interest in certificate of title → filing ➔ perfection [MVP+ SIT+ Filing]**

5) ※※※ PMSI in consumer goods가 automatic perfection이 된 경우 담보권자(**secured party**)는 이 소비제품(**consumer goods**)이 담보권의 대상인 것을 모르는 다른 소비자(**BFP for value who buys goods from consumer for consumer use**)에게 판매되면 자신의 담보권을 주장할수 없게 된다. 즉 PMSI in consumer goods를 가진 자는 이 사람에게 우선권을 갖게 되지 못하므로 이러한 경우를 막기 위해서는 PMSI in consumer goods라도 등록을 하는 것이 안전하다.

※ 여기서 다른 소비자는

a) 담보권의 존재사실을 모르고(bona fide)
b) 대가를 지불했으며(value)
c) 소비자로부터(from consumers)
d) 가정용 또는 개인용으로 사용할 목적으로(for consumer use)
e) 담보물을 구입한자(Purchser)를 의미한다.

6) 다음의 경우에는 담보권자의 권리가 담보물을 구입한 자에게 우선권을 갖게 된다. ※※※※※※

a) 담보권자(secured party)가 담보물이 매각되기 전에 PMSI in consumer goods를 filing한 경우
b) 담보물을 구입한 자가 담보물을 구입하기 전에 담보권이 타인에게 설정되어 있다는 것을 알고 있었던 경우

EX1 *Mr. Baker purchases a refrigerator on credit from Homeplus for use in his home giving Homeplus a security interest, then sells the refrigerator to Miss Charles for a fair price for her household use. Miss Charles was not aware of the security interest that Homeplus has in the refrigerator.*

EX2 *If Homeplus had filed a financing statement, Homeplus wins because the filing is effective even against BFP such as Miss Charles for consumer use.*

EX3 *If Miss Charles had purchased the refrigerator from Mr. Baker not for her household use, but for her buiness purpose to use it in her Outback restraurants, Miss Charles is not free from Homeplus' security interest.*

EX4 *If Miss Charles had been already aware of the security interest owned by Homeplus in the refrigerator when she purchased the consumer goods from Mr. Baker, Homeplus wins.*

STM21,22

10. After-acquired Property Provision [AAPP] ※※※

1) 담보권 설정계약에서 현재의 재산을 포함하여 **미래에 취득하게 될 재산(after-acquired property)**도 담보권자에게 담보로 제공한다고 합의할 수 있는데, 이러한 내용의 조항을 After-acquired

Property Provision이라고 한다.

EX *The Secured party lends $10,000,000 to the Best Buy Stores taking security interest in "all of Best Buy's inventory, whether now held or hereinafter acquired." This sort of clause is call an after-acquired property provision and it is enforceable.*

2) 취득할 재산(**after-acquired property**)에 대해서 담보권을 설정한다는 합의는 일반적으로 재고자산(**inventory**), 매출채권(**accounts receivable**), 또는 유형고정자산(**equipment**) 등을 담보물로 하는 경우에 이루어지는데, 담보물이 변동되므로 이러한 것을 floating lien이라고 한다.

3) 앞으로 취득할 재산에 대해 이미 대가(value)를 지불했으면 채무자가 담보물을 취득(possession)하는 시점에 담보권 설정(attachment)이 이루어지게 된다. 이것을 포괄담보(security interest in after-acquired property)라고 한다.

5) although security interests in tort claim now come under the revised Article 9, this security will not attach to an after-acquired commercial tort claim.

STM2,4

11. Field Warehousing 담보물인 재고자산(inventory)이 채무자의 창고에 있지만, 창고안의 "fenced-off portion(특정구역)"에 두도록 하여 창고업자(warehouseman) 또는 담보권자가 통제를 하고 있어 점유를 하는 것과 같은 효과를 갖는 경우를 의미한다.

12. Consignment (위탁판매)

13. Priorities: General Rule ※※※※

1) 여러 담보권이 모두 perfection되었다면 먼저 filing을 한자 또는 먼저 perfection이 된 자가 이긴다.
2) perfection된 담보권(perfected security interest)은 perfection이 되지 않은 담보권(imperfect security interest)에 우선한다.

3) 두 담보권 모두 perfection이 되지 않은 경우에는 먼저 설정(attachment)된 담보권이 우선한다.

4) 일반채권자(general creditors, general unsecured creditors)는 담보권자(secured creditors, whether perfection is made or not by the secured creditors)에 우선하지 못한다.

STM 18

14. Priorities: Buyer in the Ordinary Course of Business[BIOCOB] ※※※

1) 일상적인 거래를 통해서 구입한 매수인(someone who purchase collateral from **merchant's inventory**)을 의미하는데 이러한 매수인은 perfection여부에 상관없이 어떤 담보권에 대해서도 우선권을 갖는다.

2) 여기서 "일상적 거래(ordinary course of business)"라는 것은 매수인이 구입한 것과 같은 종류의 물건을 파는 것을 영업으로 하는 자(a person or company that normally deals in those goods, i.e. merchant)로부터 구입하는 것을 의미하므로, 결국 매수인이 매도인의 재고자산 (inventory)을 구입하였다면 일상적 거래를 통해 구입한 매수인이 되는 것이다.

3) BIOCOB은 구입하는 물건에 담보권(security interest)이 설정되어 있다는 것을 알고 있는 경우에도 그 담보권에 우선한다(Buyer has priority even if s/he knows that security agreement exists). 즉 **BIOCOB=supreme winner**라고 이해할 수 있다.

STM15,20

4) BIOCOB v.s. BFP in consumer goods for consumer use

	BIOCOB	BFP in CG for CU
요건	someone who purchase collateral from **merchant's inventory**	담보권의 존재사실을 모르고 bona fide, 대가(value)를 지불하고, 소비자로부터(from consumers) 가정용 또는 개인용으로 사용할 목적으로 담보물을 구입한 자 (purchaser)
우선할 수 있는 담보권	모든 담보권	PMSI in consumer goods로서 automatic perfection이 된 담보권
매수인이 담보권의 존재를 알고 구입한 경우	상관없음 prevailing	위 요건을 충족시키지 못하면 우선권을 갖지 못함
구입목적	상관없음	가정용 또는 개인용으로 사용할 목적(for consumer use)

15. **Priorities: PMSI ※※※※※※**

1) PMSI in consumer goods는 별다른 조치 없이 automatic perfection이 된다. 그런데 만약 PMSI를 등록하지 않으면 이를 모르는 선의의 소비자(BFP)에게 담보권을 인정받지 못할 위험이 있다

2) **PMSI** in **non-in**ventory : **20-day grace** period.

담보권이 설정(attachment)된 날로부터 20일간의 유예기간(grace period)이 있는데 PMSI의 담보권자가 이 유예기간 내에 **filing**을 하게 되면 설정된 시점에서 **perfetion**된 것으로 인정한다. ※※※※※※

Mneumonic : **PMSI-no-in-20day grace-filing ➔perfection**
품앗이 노인에게 20일간의 유예기간을 주어 file완성시켜라

EX *On Jan.1st, Mr. Baker purchased some equipment from Shop&Save on credit. All elements of attachment are satisfied on this date. On Jan. 3rd, Mr. Baker borrowed money from Citibank sing equipment purchased from Shop&Save as collateral. Attachment is accomplished and a financing statement is correctly filed by the bank on Jan. 3rd. On Jan. 7th, Shop&Save files a financing statement. ➔ Because of 20-day grace period, Shop&Save has priority over Citibank.*
STM16,17,24

3) **PMSI in inventory** 의 경우에는 20일간의 유예기간이 주어지지 않지만, 다음의 요건을 충족하면 우선권을 갖게 된다.

a) PMSI의 담보권자가 다른 채무자에게 통보**(notice)**를 해야 한다.

b) PMSI의 담보권자가 채무자(debtor)가 담보물을 점유하기 전에 자신의 담보권을 **perfection**해야 한다.

4) **knowledge of preexisting security interest has no effect.**
뒤에 설정된 담보권이 perfection이 된 경우라 할지라도 이 담보권자가 먼저 설정된 담보권에 대해서 알고 있었다면 먼저 설정된 담보권의 perfection여부에 관계없이 먼저 설정된 담보권이 우선한다(Security interest, whether perfected or not, wins over subsequent perfected security interest if latter party knew of previous security interest).

16. Lien Creditor(repairman or contractor)와의 관계

1) A "**lien creditor**" means a creditor who has acquired a lien on the property involved by attachment, levy or the like and includes an assignee for benefit of creditors from the time of assignment, and a trustee in bankruptcy from the date of the filing of the petition or a receiver in equity from the time of appointment.
저당권자란 attachment 등의 방법에 의해 부동산에 대하여 저당권(lien)을 취득하게 된 사람으로서 assignment에 의해서 된 assignee와 bankruptcy의 trustee, 형평소송의 법정관리인 등을 포함한다.

2) lien creditor는 완성되지 않은 담보권(unperfected security interest)에 대해 우선권을 갖는다.

3) 이 경우 lien creditor가 다른 담보권(security interest)이 설정되어 있는지를 알고 있었는가는 우선권결정에 전혀 영향이 없다.

4) PMSI in noninventory + 20일의 grace period 이내에 attach되어 security interest가 생겨난 경우에는 PMSI의 담보권자가 lien creditor보다 우선한다. ※※※

5) lien이 생기기 전에 perfection된 다른 담보권(security interest)은 lien에 대해 우선권을 갖는다. 그러나 perfection이 안되었다면 lien에 대해 우선권을 갖지 못한다.

STM3,19

※※※ 여러가지의 security interst 소유자와 관련하여 다음과 같이 hierarchy를 정리할 수 있다.

BIOCOB〉PAC〉LC〉 Non-OCOB〉AUC〉GUC

➔ B〉 P〉 L〉 No〉 Auc 〉 Guc

BIOCOB=buyer in the ordinary course of business
PAC=perfected attached creditor[PMSI holder]
LC=lien creditor
Non-OCOB=non-ordinary course of buyer
AUC=attached but unperfected creditor
GUC=general unattached / unsecured creditor

※注意※
예외적으로 주법에 별도로 정한 바가 없다면 mechanic's lien과 artisan's lien은 이러한 lien이 생기기 이전에 perfection이 된 다른 담보권보다도 우선권을 갖는다(Lien by statute has priority over a prior perfected security interest unless state statute expressly provides otherwise).

F17. Rights of Parties upon Default

1) 일반적으로 담보권에 대하여 대금지불을 제대로 하지 않으면 breach, 즉 default가 발생하게 된다.

2) **Self-Help Repossession** – permissible so long as the secured creditor does NOT BREACH THE PEACE –meaning that the actions of the secured party MAY NOT BE likely to cause violence.

채무자가 채무불이행을 하게 되면 담보권자는 먼저 담보물을 점유하여야 한다. 만약 담보권자가 담보물을 이미 점유하고 있는 경우에는 repossession의 절차가 필요한데 이 경우, 평화의 파괴를 하지 않도록(not breaching the peace) 하는지 여부가 중요하다.

3) respossession이란 담보물을 통하여 변제를 받는 절차인데 담보채권자는 자신의 선택에 따라 담보물(collateral)로부터 변제를 받거나 아니면 담보물을 통하여 일반채권자(general creditor)로서 변제를

받을 수 있다. **STM29**

4) **Repossession by Judicial Action** – If the secured party chooses not to resort to self-help, may go to court seeking writ of replevin ordering sheriff to obtain possession of the collateral and deliver it to the secured party.

a) 채무자에게 서면통보를 반드시 해야 하는 것이 원칙이다.

b) consumer goods를 제외하고는 다른 담보권자에게도 이를 알려야 한다.

c) **60% rule in consumer goods**

채무자가 담보물인 consumer goods의 구입가격(purchase price) 또는 채무액(obligation)의 60% 미만을 지급한 경우, 담보권자는 채무자의 동의 없이 담보물을 자신의 소유로 함으로써 채무자의 채무에 대한 만족을 얻을 수 있다(If the secured party proposes to satisfy obligation by retaining the collateral, s/he can only retain consumer goods if the debtor has paid less than 60% of the purchase price or obligation).

d) **90 day-rule**: 만일 60% 이상을 채무자(PMSI in consumer goods)가 이미 지불했다면 담보권자(secured party)는 점유를 한 날로부터 90일 이내에 반드시 담보물을 매각하여야 한다. 예외적으로 채무자가 해당 담보물에 대한 권리를 포기했을 경우, 매각을 하지 않아도 된다.

STM26

5) 담보물을 처분하는 경우 (**Foreclosure**)

a) public or private sale 둘 다 가능하다.

b) reasonable practices and reasonable time and place를 통해 이루어져야 한다.

c) consumer goods로 이루어진 collateral 인 경우를 제외하고는 관련 당사자 모두에게 통지해야 한다. STM26

6) 담보물이 제3자에 대한 청구권(claims)인 경우

a) 담보물이 매출채권과 같이 제3자에 대한 채권인 경우, 채무자가 채무를 불이행하면 담보권자는 제3자로부터 그 채권을 회수할 수 있는 권리(right of recollection from third parties)가 있다.

b) 담보권자는 직접 자신에게 지불하도록 제3자에게 통지(notice)할 권한이 있다.

c) 담보권자는 제3자로부터 회수한 금액이 자신의 채권액보다 적은 경우 차액을 반환하도록 요구하거나(이 경우의 소송을 deficiency action이라고 한다), 남은 금액을 되돌려 주어야 한다(이 경우 채무자가 제기하는 소송을 surplus action이라고 한다).

d) 담보권자는 합리적 채권회수비용(reasonable expenses)을 제3자로부터 회수한 금액에서 공제(deduct)할 수 있다.

e) 매각대금에서 매각비용을 공제한 후, 담보권의 우선순위가 앞선 채권자부터 변제를 받게 된다.

STM30,31

18. Right of redemption (Debtor's limited right of redemption)

To redeem, the debtor must pay all obligations secured by the collateral PLUS the Secured Party's reasonable expenses, including reasonable attorneys fees.

채무자는 담보물이 처분되기 이전에 원금과 이자 및 담보권자의 비용을 담보권자에게 지급하고 담보물을 되찾아 올 수 있다.

Debtor's right to redeem the collateral is cut-off once the Secured Party has resold the collateral or completed Foreclosure.
담보물이 처분된 후에는 이러한 권리가 인정되지 않는다.

19. Good faith purchaser for value

담보물의 매각과정에 흠결이 있다는 사실을 알지 못하고(with no knowledge of defects in sale) 대가를 지불한 매수인을 의미하며, 선의의 매수인은 채무자의 권리도 없고, 어떤 담보권도 없는 소유권을 취득한다(Good faith purchaser for value of collateral takes free of debtor's rights and any secured interest or lien subordinate to it).

※ STM27,28과 SM24를 비교해 보라

* **Race to Get the Lien on the Property:**

	Consensual Lien	Non-Consensual Lien
Personal Property	Article 9: First to File (inchoate) OR First to Perfect	Majority - Point of Levy Minority - Delivery of Writ to Sheriff
Real Estate	Record the Mortgage	Record the Judgment (past notice of levy)

note

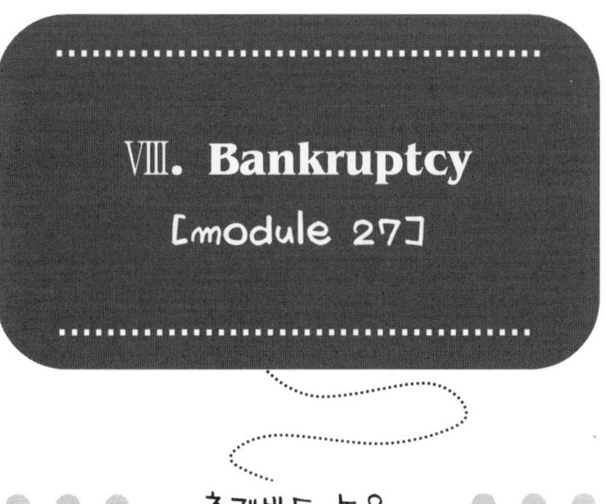

출제빈도 높음

1. Bankruptcy is mostly based on fed law.
연방법에 의한 파산법 처리절차가 정해져 있다. 파산법상의 우선순위 절차에 따라 재산이 공평하게 채권자에게 배분(equitable distribution)되도록 하여, 채권자들의 권리가 보호되고 채무자를 일정한 채무로부터 벗어날 수 있도록 하여 채무자가 새로운 출발을 할 수 있도록 하는 것이다.

2. 파산법 중 Chapter 7(liquidation=straight bankruptcy), Chapter 11(business reorganization), Chapter 13(Debt adjustment Plan)을 집중적으로 다루게 된다.

Chapter 7	Voluntary petition 채무자가 자발적으로 신청
	Involuntary petition 채권자가 신청
Chapter 11	Voluntary liquidation 채무자가 자발적으로 신청
	Involuntary liquidation 채권자가 신청
Chapter 13	**Voluntary petition**만 가능

BM6

C3. Chapter 7 Voluntary Bankruptcy Petitions ※※※※※

1) 채무자가 법원에 자발적으로 자신에 대한 파산절차개시명령(order of relief)을 신청(petition)하는 것이다.

※注意※
When the debtor contests the petition, s/he can still be forced into bankruptcy if the debtor is generally not paying his or her debt as they became due.
채무자가 petition에 이의를 제기하였어도 채무상환일자가 도래하였을 때 채무자가 제때에 지불하지 않으면 파산을 당하게 된다. BM6

2) petition을 신청할 경우에는 채무자가 자신의 자산 및 부채목록(list of debtor's assets and liabilities)를 보여주어야 한다. 만일 정당한 사유없이 채무자의 장부나 기록을 감출 경우 또는 보관을 하지 못하였을 경우 적발된다. A2-6

3) 채무자가 완전히 지불불능(involvent)일 필요는 없고, 채무가 있다는 사실(**the debtor has debts**)만으로 충분하다.

4) 부부가 공동으로 파산신청을 할 수도 있다.

5) 모든 사람, partnership, 또는 기업은 Chapter 7의 voluntary bankruptcy petition이 가능하다.

6) 그러나 철도회사(**railroads**), 보험회사, 은행 등과 같은 금융기관(**insurance companies, banks, savings and loans**) 등은 **voluntary bankruptcy petition**은 물론 **involuntary bankruptcy petition**도 신청할 수 없다.
BM1,2,3,4

7) Order of relief(OR): 채무자가 자발적으로 파산신청을 하면 절차개시명령**(order of relief)**이 자동적으로 시작되게 된다(Debtor is automatically given an order of relief upon filing of petition).

D4. Involuntary Bankruptcy Petitions

1) 채권자(creditors)가 채무자에 대한 파산신청을 하는 것으로 채권자는 법원에 채무자에 대한 파산절차 개시명령(order of relief)을 신청한다.

2) **Petition** 요건

Any debtor can be brought in involuntarily. § 303

※ If more than 12 creditors, you need 3 or more creditors to bring the action and claims must aggregate at least $12,300 or more.

If over-secured, you count as a creditor but do not contribute anything to the dollar amount

If under-secured, difference between FMV and lien counts toward dollar amount. If unsecured, entire amount counts

※ If less than 12 creditors, only need 1 creditor to bring the action.

※ Excludes employees and insiders

a) creditor의 수가 **12**명 이상인 경우

(1) 최소한 3명 이상의 채권자가 함께 파산신청을 해야 하고, 세 명의 무담보채권(unsecured claims)의 합계액이 $12,300 이상이어야 한다.

(2) 담보채권이란 재산에 담보권(secured interest, mortgage, lien)이 설정된 채권을 의미하고(A secured claim is simply a claim that is coupled with some form of interest in property), 무담보채권(unsecured claim)이란 위와 같은 담보권이 없는 채권이다. 그리고 여기서의 채권은 확정된 것만을 의미하며, 유동적인 것은 포함되지 않는다(claims must not be contingent).

(3) 농부(farmers), 자선단체(charitable organization), 보험사, 등의 금융기관 등은 Chapter 7의 involuntary bankruptcy를 신청할 수 없다. 또한 $12,300 미만의 빚을 진 사람(파트너십, 기업)은 involuntary bankrupty 신청을 할 수 없다.

※ 참고 ※

RIB (철도/ 보험/ 은행 등의 금융기관)	NO Voluntary bankruptcy 자발적 파산신청 금지
RIB+CF+if less than $12,300 철도/보험/은행 등의 금융기관과 자선단체 및 자선단체와 농부와 $12,300 미만의 빚을 진 자	**No Involuntary bankruptcy** 비자발적 파산신청금지

BM5,6

b) **creditor** 수가 **12**명 미만인 경우

(1) 채권자는 자신의 무담보채권(unsecured claims)의 금액 총액이 **$12,300 이상이면 혼자서라도 파산신청**을 할 수 있다 (a single creditor may file the petition as long as his/her claim aggregates $12,300 in excess of any security s/he may hold).

(2) 무담보채권의 금액이 **$12,300** 미만인 경우에는 채권자들은 그들의 무담보채권액의 합이 $12,300 이상이라면 함께 파산신청을 할 수 있다(If necessary, more than one creditor may join together

to have combined debts of more than $12,300 of unsecured claims).

3) **Order of Reflief (OR**, 파산절차 개시명령**)**

a) 채무자가 파산신청에 대하여 정해진 기간 내에 이견제시를 하지 않는 경우(이견다툼이 없는 경우, the petition is uncontested) 법원은 파산절차 개시명령(OR)을 내리게 된다.

b) 채무자가 파산신청에 대하여 이견제시가 있는 경우, 즉 다툼이 있는 경우, 다음 중 하나를 만족시키면 법원은 파산절차 개시명령을 내린다.

(1) 채무자가 변제시기가 다 된 채무를 변제하지 못하고 있는 경우 (The debtor is generally **not paying his/her debts they become due**)

(2) 파산신청이전 120일 이내에 재산관리인(=관재인)이 선임되어 채무자 재산의 대부분을 관재인이 점유하고 있는 경우((During the 120 days preceding the filing of petition, **a custodian was appointed or took possession** of substantially all of the property of the debtor).

If contested regarding the petition, **OR** will be **Granted**
1) Not Paying Debts when due
2) Custodian was appointed or possesses the property

BM6

E5. Bankruptcy Proceedings(also called **liquidation** or **straight bankruptcy**)

□ 4 things you need to know:

1. Automatic **Stay** ex. Alimony and child support
2. First Creditors' **Meetings**
3. **Trustee is appointed**
4. **Estate is created [SM TE]

1) **Automatic Stay** 자동정지 (자동보전 처분 ➔ 그냥 **stay**라고도 한다)

a) Gets creditors off the debtor's back➔: Automatic injunction. Also applies to IRS: applies to EVERYONE (also, can't evict if you don't pay rent)

유효한 파산신청이 있게 되면 대부분의 채무회수절차와 파산절차 이외의 다른 법적 절차는 중단이 된다. 즉, 채무자가 파산신청을 하게 되면 소송, 판결문 집행 등이 자동 정지되는 것이다. 예를 들어 A가 B에게 받을 돈이 있어 소송을 진행하던 중 B가 파산신청을 하면 A는 즉각 소송을 중지해야 한다. 이런 면에서 파산신청은 더 이상의 채권자의 법적 침해도 막아주는 방패 역할을 하게 되는 것이다.

※注意※
채권자의 회수절차를 못하도록 하는 유예조치가 발효되게 된다 (a stay against creditor collection proceedings will go into effect) BM7

b) 예외: **alimony and child support** to be paid to the divorced spouse. (이혼한 배우자에게 지급하여야 할 alimony와 child support에 대해서는 automatic stay가 적용되지 않는다.)

2) **First Creditors' Meetings** (제1차 채권자 모임)

a) 채무자는 소재지가 명시된 재산목록과 채권자의 목록을 제출하여야 한다(Debtor furnishes a schedule of assets, their locations, and a list of creditors).

b) 임시관재인은 사임하고 채권자들에 의해 정식 trustee가 선임되는데 trustee는 파산재산을 대표(representative of estate)하게 된다(Trustee may be elected by creditors in Chapter 7 Proceedings).

3) 관재인의 선임**(Trustee Appointment)**

a) 관재인은 관리업무 서비스 등에 따라 급여를 받을 수 있다. 관리대상이 되는 파산재산이 크고 적음에 별 상관이 없음에 유의해야 한다(Trustee has right to receive compensation for services rendered based on the value of those services rather than only on size of the estate).

BM7

4) **Estate**(파산재산)

a) 파산신청일 현재 채무자가 소유하고 있는 재산 중 면제(exemption)되지 않은 것은 파산재산에 편입된다.

b) 파산신청일 이후 취득하게 되는 재산은 파산재산에 편입되지 않지만, 파산신청일 이후 180일 이내에 채무자가 상속(inheritance), 생명보험금(life insurance), 이혼으로 인한 재산분할(property settlement with spouse), 유증(bequest or devise) 등을 통해 취득하는 재산은 파산재산에 편입된다.

Mneumonic : **180內 +i+B+I+PS → Estate**

5) **Exemptions from Estate**

a) 채무자는 fed bankruptcy code에 의한 면제(FBCE)와 fed bankruptcy code에 의하지 않은 면제(non-FBCE) 중 한 가지를 선택할 수 있다.

b) **fed bankruptcy code**에 의하지 않은 면제**(Non-FBCE)**

Exempt Property (still need to live for fresh start 채무자도 새출발을 위해서는 살아야 하므로 최소한의 필수품은 automatic stay하지 않고 남겨둔다)

(1) 주법에 의한 면제

States can opt out of fed exemptions and use their own.

EX *House(homestead exemption), transportation to work, wages earned, clothes, furniture, etc*

(2) Other Fed Code-related exemptions 다른 연방법에 의한 면제

EX 군인연금, 사회보장연금, 실업수당, 장애연금, 이혼위자료

c) **fed bankruptcy code**에 의한 면제**(FBCE)**

FMV of those principal **residence** and burial pot, one motor **vehicle, trade tools,** other **home-use items,** social security benefits, **unemployment compensation,** disability benefits, alimony, veteran's benefits, prescribed health aids, secified personal injury up to $18,450. 이 금액들은 결혼한 부부에게는 두 배로 면제혜택을 준다.

BM11.

6. Duties of Trustee (관재인의 의무)

1) 관재인은 파산재산의 취합, 청산, 분배 및 정확한 기록관리를 할 의무와 책임이 있다(Trustee has duties & responsibilities to collect, liquidate, and distribute the estate and keep the accurate records of all transactions).

7. Rights and Powers of Trustee (관재인의 권리와 권한)

1) 관재인은 자신의 의무를 수행하기 위하여 필요한 법적 조치(legal action)를 취할 수 있다(Trustee may take any legal action necessary to carry out duties).

2) 관재인은 자신과 전문가들의 업무수행에 따른 보수를 받을 권리가 있다(Trustee has right to receive **compensation for services** rendered).

➔ ※ 따라서 전문가로서 고객의 board of trustee에게 자문(advisory services)를 하는 것은 감사인(회계사)의 독립성을 훼손하지 않는다.

3) 관재인은 자신의 의무수행을 위해서 회계사나 변호사등의 전문가를 법원의 허가를 얻어 선임할 권리가 있다 [Trustee has right to employ **professionals**(e.g. accountants and lawyers)].

4) 파산신청일 1년 이전에 이루어진 재산의 이전(transfer made within one year prior to the filing of the bankruptcy petition)으로 채무자의 지급불능이 된 경우(the debtor became insolvent as a result of transfer)와 사기성이 없는 경우 이러한 재산의 이전을 철회(**set aside**)하는 것이 가능하다.

BM12

5) 파산신청일 90일 이내에 이루어진 특혜성 이전의 철회

Mneumonic: **Trustee Power: EPro**에게 **CAL-(1)SeT or (90days) PreT** 로 보상해줘라(compensate)

① **Employ pros** and compensate them with court approval
② **Compensate** for services rendered
③ Take **any legal** action
④ **Set** aside the **transfers** within one year of filing the petition
⑤ Set aside the **preferential treatment** within **90 days** immediately preceding the bankruptcy filing

8. Preferential Transfers (특혜성 이전) ※※※※※※

1) 특혜성 이전이란 특정한 채권자에게 Chapter 7에 의한 절차에 따라 배분할 수 있는 것보다 많은 금액을 배분해 주는 효과를 가져주는 재산의 이전을 의미한다. 이 같은 특혜성 이전은 나머지 채권자들에게 불이익을 주게 되므로 이를 철회하여 채무자의 재산이 공평하게 채권자에게 배분(**equitable distribution of debtor's property)**되도록 하기 위한 것이다.

2) **Preferential treatment**의 요건

a) 파산신청일 직전 90일 동안 재산의 이전이 이루어진 경우(내부자의 경우 1년)
The transfer was made during the **90 days** immediately preceding the bankruptcy filing(or within **1 year for insiders**)

※내부자(insider)란 가까운 친척(close blood relatives), 회사직원(corporate officer), 이사(director), 지배주주(controlling shareholder), 또는 partnership의

general partner 등을 말한다. BM17

b) 재산이전은 과거의 채무를 상환하기 위해 혹은 과거의 채무를 담보하기 위해서 채무자의 재산에 담보권을 설정한 것이다 (The transfer was on account of **antecedent debts** or to provide a security interest given by the debtor to secure antecedent debt). BM14

c) 채무자는 이미 지불불능상태**(insolvency)**인 상태에서 재산의 이전이 일어난 것이다(The transfer was made while the debtor was **insolvent**).

d) 재산의 이전으로 인해 그 재산의 이전을 받은 채권자는 파산절차를 통해 받을 수 있는 것보다 더 많은 채권을 회수하게 되었다(the transfer allows the creditor to receive a **greater percentage** than would otherwise be received in the bankruptcy proceedings).

Mneumonic: **Pre T: A-I-G 90days(1 yr for insiders) before bankruptcy filing**

※注意①※
채무자가 장비구입의 할부금(installments)을 미리 지급했다면 특혜적 이전이 될 수 있다. 즉 채무의 조기상환도 특혜적 이전이 될 수 있는 것이다. BM13

※注意②※
채무자가 은행으로부터 빌린 대출금을 담보하기 위해 자신의 냉장고에 대해 담보권(security interest)을 설정해주었고, 이러한 담보권의 설정이 파산신청 90일 이내에 이루어졌다면 Preferential treatment가 된다.
BM13,14,15,17

※注意③※
채무자가 preferential treatment를 한 적이 있다고 해서 나중에 discharge

of a bankrupt에서 차별받지는 않는다. BM21

3) Preferential Treatment의 예외

a) 채무자가 자선단체(**charitable organization**)에 기부(gift)하는 것은 과거의 채무 때문에 이전하는 것이 아니므로 preferential treatment로 간주되지 않는다. BM13

b) 새로운 대가를 동반한 동시적인 맞교환 (contemporaneous exchange accompanied with **new value**)

예. 파산신청을 한 상태에서 파산신청 65일 전에 현금으로 차를 산 경우, BM15

c) 일상적 거래를 통한 재산의 이전(transfer made in the **ordinary course of business**)

예. 각종 공공요금(utilities bill) BM13

d) 일상거래상 발생한 채무를 담보하기 위해 채권자에게 담보권을 설정해준 경우로 채무발생 45일 이내에 담보권이 완성된 경우 (security interest to secure the debt that arise from ordinary course of business **if filed within 45** days of creation of the debt)

e) 물건구입을 위해 담보권이 설정된 후 10일 이내에 그 담보권이 완성된 경우(security interest given by debtor to acquire property that is **perfected within 10 days** after such security interest attached)

f) $600 이하의 소비채무를 상환한 경우(a **consumer debtor's payment of $600 or less**)

E9. Claims: Property Rights (PR)

채권자가 갖고 있는 권리가 property right일 경우 이는 파산재산(estate)에 포함되지 않는데 secured claim, trust claim reclamation, set-off 등이 이에 해당한다.

1) Secured claim (i.e. perfected claim and recorded claim):

채권자가 담보권(security interest, e.g, mortgage in property by creditor bank)을 갖고 있는 경우, 즉 담보채권(secured claims)을 갖고 있는 경우 담보물(collateral)은 일단 파산재산에 편입된다. 하지만, 담보물의 처분대금은 담보채권자에게 우선적으로 지급된다. 또한 담보채권자는 파산절차(liquidation proceedings)에 따라 담보물을 처분하여, 담보물의 처분대금이 우선적으로 자신에게 분배되는 것을 기다리는 대신 일반적인 담보권 실행절차를 통해 변제를 받는 것도 가능한데 이를 위해 채무의 잔액(debt balance)이 담보물의 진정한 가치(FMV)를 초과해야 하고, 담보채권자가 법원에 신청(motion for relief)해야 한다. 만약 부족분(deficiency)이 있는 경우, 이에 대해서는 무담보채권(unsecured claims)과 같은 순위로 파산재산의 분배에 참여할 수 있다.

2) Trust claim: 신탁의 수탁자(trustee)가 파산한 경우 수익자(beneficiary)가 신탁재산에 대한 반환을 청구하는 것이다(Trust claim is made by beneficiary for trust property when the trustee is bankrupt).

3) Reclamation:

파산자가 점유하고 있는 재산의 진정한 소유자가 그 재산을 자신에게 반환하라고 청구하는 소송이다(claim against specific property by a person claiming it to be his or her own).

EX. 파산자가 임차한 부동산을 내놓으라고 하는 임대인(LL)의 주장

4) Set-Offs (상계, 相計)

파산자(bankruptcy)와 채권자가 상호채무를 지고 있는 경우 dl를 서로 상계할 수 있다. 서로 상계한 경우 파산자의 채권은 파산재산(estate of bankrupt)에 포함되지 않고, 채권자의 채권은 신청된 채권(claim)의 목록에 포함되지 않는다.

> *Mneumonic :* **PR≠Estate, Se-T, Re-Set !**
> **P**roperty **R**ight
> **Se**cured claims (by creditor bank)
> **T**rust claim
> **Reclamation** (by LL)
> **Set**-offs

10. Filing of Claims (채권의 신고)

모든 채권자들은 First Creditors' Meetings (제1차 채권자 모임)개최일로부터 6개월이내에 자신의 채권을 신고하여야 한다(all claims must be filed within 6 months after the first creditors' meeting)

11. priority of claims: property rights

채권의 우선순위: **PR※※※※※※※**

1) property rights는 파산재산에 속하지 않으므로 우선순위와 상관이 없다(Technically they are not a part of the priorities because they never become part of the bankrupt estate).

2) 그러나 **PR의 대상이 되는 재산**이 파산재산에 포함된 채 파산재산이 청산(liquidation)된 경우 다른 채권에 우선하여 변제를 받게

된다.

3) secured claim을 가지고 있는 담보채권자가 일반적인 담보권 실행 절차(foreclosure)를 통해 담보물로부터 변제받지 않는 경우에는 파산재산의 청산과정에서 담보물의 처분대금에 대해 **secured creditor는 unsecured creditors보다 우선적으로 변제를 받게 된다.**

4) secured claim을 갖고 있는 채권자가 담보물을 통해서 변제받지 못한 금액은 non-priority general claim이 된다.

12. Priority of General Claims

1) 여러 단계의 우선순위가 존재하는데 각 단계의 채권에 대해 지급을 마친후 그 다음 단계의 채권에 대해 지급을 하게 된다.

2) 어떤 단계의 채권에 대해 모두 지급하기에 충분하지 않은 경우, 그 단계의 채권에 대해 비율적으로 지급하게 되며, 다음단계의 채권에 대해서는 한푼도 지급을 할 수 없다. (If there are insufficient assets to pay any given level then assets are prorated at that level and the next level gets $0).

3) 우선순위(Levels of Priority)

a) Administration cost(=administration expenses, 관리비)

(1) 회계사, 변호사, 피신탁인, 감정평가사 등에게 지급한 보수 및 파산재산에 속하는 재산을 회수, 보존, 매각, 발견하는 데 사용된 비용(expenses paid to accountants, lawyers, trustees, appraisers, etc and the expenses incurred only in recovering, preserving, selling or discovering property that should be included in debtors' estate)

(2) 파산신청 이후에 발생한 합리적 비용도 포함된다.

b) Middlemen debts(중간처리비)

(1) 비자발적인 파산신청 이후 절차개시명령이 부여되기까지 채무자의 일상적인 사업과정에서 발생하는 채무(Claims arising out of the ordinary course of debtor's business after involuntary bankruptcy petition is filed after the bankruptcy begins)

c) Wages of bankrupt's employees (직원급여)

(1) 파산신청일 이전 90일 이내에 발생한 임금

(2) 종업원 1인당 한도는 $4,925.

(3) 한도를 초과하는 금액은 non-priority general claims

d) Contributions to employee benefit plans

(1) 파산신청일로부터 180일 이전에 발생한 것으로 채무자가 사용자(employer)로서 employee benefit plan에 납입해야 하는 금액

(2) 종업원 1인당 한도는 **$4,925**

e) Consumer deposits

(1) 소비자가 상품이나 서비스를 받기 전에 그 대금으로 지불한 금액(consumer deposits for undelivered goods or services)

(2) 1인당 한도는 $2,225

(3) 한도초과금액은 non-priority general claims가 된다.

f) Alimony and child support

g) Taxes

Mneumonic : **PAM> WEB > CAT.**

Property **R**ights
Admin cost
Middlemen debts [ocob]
Wages up to $4925.
Contribution to **employee benefits**
Consumer **Deposit** up to $2,225
Alimony & Child support
Tax

BM8,9,10,18,19

G13. Discharge of a Bankruptcy (DOB, 파산의 면제)

1) 파산면제되지 않은 일부 예외적 채무를 제외하고 파산자의 채무를 면제시켜 주는 것이다(A discharge is the release of a debtor from all his or her debts not paid in bankruptcy except those not dischargeable).

2) 법원에서 order of relief를 허락해주는 것이 결국 자동적으로 파산면제 신청(automatic application for discharge)을 하는 것이라 볼 수 있다.

3) corporation과 partnership은 파산면제 신청을 할 수 없다.

BM21

4) 채무자가 채무면제를 받기 위해서는 honest debtor라는 법원의 판단을 받아야 한다.

14. 파산면제 금지행위 [acts that bar discharge(ABD) of all debts]

다음과 같은 사유가 있는 경우, 채무의 종류를 불문하고 채무자는 채무로부터 면제받지 못한다. 이를 general discharge 금지사유라고도 한다.

1) **improper actions** during bankruptcy proceedings
파산절차 진행중에 일어난 부적절한 행위로 주로 사기 또는 기망에 의한 행위(fraud: intent to deceive creditor)

EX *False claims against the estatae, concealing property, fraudulent transfer, false entry in accounting, destroying or removing property, etc.*

2) **Failing** to satisfactorily **explain** any loss of assets
자산이 없어진 것에 대해 제대로 설명을 못하는 것
BM16

3) **Refusing to obey court orders** (법원명령 준수 거부)

4) Being **discharged** in bankruptcy proceedings **within past 6 years** (최근 **6**년 사이 파산절차에 의해 채무면제를 받은 경우)

5) **substantial abuse** of bankruptcy by individual debtor with primarily **consumer debts** (채무의 대부분이 소비성 채무로서 채무자가 파산제도를 심각하게 남용하는 경우)

15. **General discharge**가 허용되어도 면제되지 않는 파산채무 면제금지 항목[**Debts Not Discharged(DND) by Bankruptcy**, even though general discharge allowed]

1) Government **Fines** or penalties imposed within 3 prior years (파산신청일 3년 이내에 부과된 벌금)

2) Hidden **Liabilities** (unscheduled debts) unless creditor had actual notice of proceedings. (파산절차에서 누락된 채무)

3) **Alimony**, separate maintenance, or child support (위자료 별거유지, 양육비 등), BM25

4) **Taxes** within 3 years of filing bankruptcy petition
파산신청일 3년 이전의 세금 및 연방세금을 내기 위한 차입금(loans for payment of fed taxes)

5) Liabilities due to the **intentional torts** (deceitful, intentional, willful, and malicious injury or intoxication) 고의성 불법행위

※의도적인 계약위반(intentional BOK)은 이 경우에 해당되지 않는다. BM24

6) Loading up on **Luxury goods** (사치성 채무)
사치성 재화나 서비스로 인한 건별 $1150 이상의 소비채무나 현금서비스(cash advance)

Mneumonic : 3 **FLAT3-LIT- LG**1150- **DND**

Fines Govt imposed wihin prior 3 yrs

Hidden **Liabilities(unscheduled debts)**

Alimony, separate maintenance, child support

Taxes within 3 years of filing bankruptcy petition

Lialibilites related with **Intentional Torts**

Luxury Goods over $1150

BM24,25

116. Revocation of Discharge 파산에 따른 채무면제철회 (면제취소)

1) 철회사유

a) 파산절차상의 **사기행위(fraud)➔**면제가 된 날로부터 1년이내에 면제의 철회를 신청하여야 한다

b) 파산자가 파산재산에 속하는 재산을 취득하고 이를 기망적으로 파산관재인에게 보고하지 않은 경우(**보고누락**)

c) 파산자가 법원의 적법한 명령에 따르지 않은 경우(**명령불복종** refuse to obey lawful court order)

d) 파산 petition에 대한 중요한 질문에 답변을 제대로 못한 경우(답변실패)

BM23

J17. Reaffirmation [재승인]

1) 채무자가 파산에 의해 면제될 채무를 파산이 종료한 후에도 갚겠다고 약속하는 것이다(the Debtor promises to pay a debt that will be discharged)

2) Reaffirmation 요건

a) 파산자를 대리하는 변호사(lawyer)가 있는 경우에는 재승인에 관한 합의사항에 대해 변호사의 동의서약서(affidavit)가 필요하다.

b) 채무면제가 되기 전(before the discharge granted)

c) reaffirmation에 관한 합의사항을 법원으로부터 동의받아야 한다 (must be approved by bankruptcy court)

d) 소비성 부채(consumer debt)일 경우 법원은 debtor 의 best interest에 부합하고 **undue hardship**이 없다는 데 동의해주어야 한다.

3) 파산자(bankrupt)는 reaffirmation에 관한 agreement를 취소할 수 있는 권리를 갖는데 파산자는 위 agreement가 법원에 **filing된 날로부터 60일 또는 discharge가 되는 날 중 나중에 도래하는 날까지** 위의 agreement를 철회할 수 있다.

Mneumonic : **ABC 60 Sign UH**

You need the followings for reaffirmation

1) lawyer's **affidavit** with Clear and conspicuous statement

2) Filed with court **before** granting of discharge

3) **Court** approval

4) Can rescind **60 days of signing**

5) **Undue hardship** applicable

BM26

K18. Business Reorganization – Chapter11

1) 채무자에게 사업을 계속하면서 채무와 사업의 구조를 조정하기 위한 절차를 제공하는 데 그 목적이 있다.

2) can be initiated by debtors(voluntary) or creditors(involuntary)
Chapter 11에 의한 절차도 Chapter 7과 마찬가지로 채무자 또는 채권자가 신청할 수 있는데, Chapter 7의 절차를 이용할 수 없는 자[예. 보험회사, 은행 등과 같은 금융기관(**insurance companies, banks, savings and loans**)]는 **Chapter 11**의 절차도 이용할 수 없다.
BM29

3) **절차 ※※※※**

a) **committee 구성**

b) 파산관재인**(trustee)**의 선임
채무자의 경영진이 사업수행능력이 있을 경우(if debtor's management is capable of continuing business) 꼭 선임하지 않아도 된다.

c) **Reorganization Plan** 작성 및 **approval**
채권자로 구성된 위원회에서 채권단의 1/2 이상, 채권액의 2/3 이상의 동의를 얻어야 하며, 주주로 구성된 위원회에서는 주식수의 2/3 이상의 동의를 얻어야 한다. 위와 같은 동의를 받지 못한 경우에도 법원은 reorganization plan을 승인할 수 있다.

d) 법원의 확정승인(confirm)과 최종명령**(final decree)**

법원이 확정승인과 최종명령을 내려 채무자는 reorganization plan이 승인되기 이전에 발생한 모든 채무와 책임으로부터 면제를 받게 된다. 다만 다른 예외규정이나 파산법에서 예외로 되어 있는 경우에는 면제는 받지 못한다.
BM27,28

J19. Debts Adjustment Plans – Chapter 13

1) Chapter 13의 채무조정계획은 다음과 같은 요건을 충족하는 개인(그 중에서도 채무자)만이 신청가능하다.
➔ 즉 채권자는 신청할 수 없다

a) 정기적 수입
b) $307,675 미만의 무담보채무(unsecured debts)
c) $922,975 미만의 담보채무(secured debts)를 부담하고 있는 채무자가 voluntary 신청하는 것이다.

note

Ⅸ. Debtor-Creditor Relationships

[DCR, module 28]

출제빈도 높음

1. 담보권이란 채권자가 채무자의 부채상환의무 이행을 하도록 담보하기 위하여 부동산 또는 동산 등의 특정한 재산에 설치한 채권자의 권리를 의미한다(Liens are creditor's claims on real or personal property to secure payment of debt or performance of obligations).

2. 취득가능한 담보권의 종류는 다음과 같다.

   1) 저당권**(mortgage)** under property law

   2) 성문법상의 담보권(법정보호 담보권, statutory lien): Mechanic's lien, artisan's lien, innkeeper's lien 등으로 주법에 따른다.

   3) 판결에 의한 담보권(judgment lien):채무변제소송에서 채권자가 취득할 수 있는 저당권이나 법원판결에 따른 채무자의 재산과 채무자가 취득할 재산에 설정되는 담보권

4) 연방세무담보권(**federal tax lien**): 미 국세청(IRS)에서 세금미납에 따라 설정하는 담보권

5) 합의에 의한 담보권(**consensual lien**) under UCC Article 9(already covered in secured transaction).

3. Mechanic's Lien(materialman's lien, construction lien)

1) 건축업자가 타인의 부동산을 건축하거나 수리해준 경우, 부동산 소유자는 건축업자에게 건축비 또는 수리비(debts for services to improve real property)를 지급해야 한다. 이 경우 건축업자는 건축비 혹은 수리비를 지급받을 때까지 그 부동산에 대한 법에 의한 담보권을 갖게 된다.

2) 채무자가 채무를 갚지 않으면 담보권자는 통지(notice)를 하고, 담보권을 실행하여 담보물을 매각하고 자신의 보수를 변제받을 수 있다. DM6

4. Artisan's Lien(Repairman's Lien)

1) 타인의 동산을 수리하거나 개량한 자가 그 보수를 지급받는 것을 담보하기 위하여 그 동산을 점유함으로써 얻게 되는 담보권이다(when one repairs or improves personal property for another and retains possession of that personal property).

예 *차수리공이 수리비를 받을 때까지 차를 점유하고 있는 경우*

2) 채무자가 채무를 갚지않으면 담보권자는 통지(notice)를 하고, 담보권을 실행하여 담보물을 매각하고 자신의 보수를 변제받을 수 있다. DM6

5. Innkeeper's Lien

숙박업자의 담보권, 숙박요금을 지급받기 위하여 숙박업자가 투숙객의 짐(baggage)을 점유함으로써 취득하는 담보권이다.

6. Judgment Lien

1) 채권자가 피고를 상대로 하는 소송에서 승소한 경우, 피고의 재산으로부터 변제받기 위하여 만들어지는 담보권으로 채권자가 승소한 판결을 가지고 법원으로부터 **writ of execution** [처분영장]을 받아 집행관(sheriff)에게 제출하면, 집행관은 피고재산을 압류하여 매각**(seize and sell)**하고, 그 매각대금**(proceeds)**을 채권자에게 지급함으로써 채권자는 변제를 받게 된다.

2) 사해행위**(fraudulent conveyance)**

채무자는 채권자가 judgment lien을 통해 변제를 받는 것을 방해하고자 하는 사해행위(fraudulent conveyance)를 하게 되는데, 이러한 사해행위에는 다음과 같은 것이 있다.

(a) debtor retaining **equitable interest** after conveyance of property
채무자가 자신의 재산을 제3자에게 이전하여 신탁(trust)을 만든 후 그 재산으로부터의 수익을 받는 것

(b) debtor retaining possession after conveyance
채무자가 자신의 재산을 제3자에게 이전하고도 계속 점유하는 것

(c) secret conveyances
채무자가 자신의 재산을 몰래 타인에게 이전하는 것

Mneumonic : **Fradulent conveyance-EPS**

Retaining **equitable interest** after conveyance

Retaining **possession** after conveyance

Secret conveyance

DM1

7. Provisional Remedies

채권자는 채무자를 상대로 소송을 제기하여 판결을 받아 강제집행을 할 수 있는데 소송 진행중에 재산을 몰래 처분하여 채권자에게 손해를 입힐 수 있다. 이를 방지하기 위하여 채권자가 취할 수 있는 임시대책(provisional remedies)으로서 lis pendens, preliminary injunction, attachment, receivership 등이 있다.

L is lis pendens (a.k.a notice of pendency) which warns someone of the P's claim that may effect the D's ownership, use, or possession of that real property.
특정부동산에 대해 소송이 진행된다는 사실을 등기를 해둠으로써 해당 부동산을 취득하려는 자에게 통지를 하는 효과를 갖게 된다.

I is preliminary injunction used to maintain status quo during pendency of action. 재판 진행중에 피고인에게 일정한 행동을 하지 못하도록 하는 것이다.

A is attachment: a court-ordered seizure of property due to lack of payment **prior to** court judgment for past-due debt.

1) 지급일이 지난 채무(past-due debt)에 대하여 법원판결에 앞서 채무

자의 재산을 처분하지 못하도록 보전하는 절차로서 법원의 명령에 의한다.

2) 법원의 판결 이전에 채무자가 재산을 이전하거나 처분하게 되면 채권자는 판결을 받더라도 변제받기 어려울 수 있으므로 채권자는 판결을 받기 전에 미리 채무자의 재산에 대해 attachment를 하는 것이 일반적이다.

3) **writ of attachment**

a) Attachment의 요건이 충족된 경우, 법원은 writ of attachment를 채권자에게 주는데, 채권자는 이를 집행관(sheriff)에게 제출하면 집행관은 채무자의 재산을 가압류(seizure)하게 된다.

b) 채권자는 채무자를 피고로 하는 소송에서 승소한 후 가압류한 재산으로부터 채무를 변제받을 수 있다. 채권자가 병원으로부터 writ of attachment를 받게 되면 채권자는 채무자 소유의 personal property의 점유를 이전받게 되는 경우도 있다

※注意※
채무자가 반드시 real property를 소유하는 경우에만 적용되는 것이 아니고 personal property를 소유하는 경우에도 attachment가 가능하다

DM6

R is receivership which appoints someone to oversee property involved in an equitable action.

8. Garnishment ※※※

1) **seizing debtor's property possessed by third parties.**

채무자의 재산중에 제3자에 대한 청구권(claim)이 있을 경우 그러한 청구권에 대하여 취해지는 구제수단(remedy)이다.

EX 1. *채무자가 소유한 은행예금(debtor's bank account)*
EX 2. *채무자의 체불임금(debtor's wages overdue)*

2) 채권자가 채무자가 받을 수 있는 급여를 garnish할 경우 주법과 연방법에 의하여 일정한 금액한도가 있다.

3) **채무자가 받을 수 있는 federal social security benefits는 garnishment가 될 수 없다.**

4) 반면 tax lien의 경우 garnishment의 대상이 된다(the IRS guys are cruel !!!)

DM3, 6

9. 사적 채무조정

1) composition agreement with creditors

a) 2명 이상의 채권자가 있는 경우에는 채권자들이 채무자들의 채무를 줄여주거나 기간을 연장해주기로 합의한 것을 화의(和議, composition agreement)라고 한다.

b) 화의가 이루어지기 위해서는 consideration이 있어서 새로운 계약이 성립되어야 하는데 채권자들 사이의 상호약속(creditors' mutual promises to accept less than full amount)이 consideration이 된다.

c) 화의에 동의하지 않는 채권자는 파산신청을 할 수 있다.

2) Assignment for Benefit of Creditors

a) 채무자가 자발적으로 갖고 있던 전재산을 신탁(trust)에 이전하여 채권자에게 분배하도록 한 것이다. 수탁인(trustee)는 그 재산을 처분하여 채권자에게 우선순위(priority)에 따라 배분한다.

b) assignee 또는 trustee가 이전된 재산의 소유권(legal title)을 갖게 되고 채무자는 더 이상 그 재산에 대한 권리행사를 할 수 없게 된다(Assignee takes legal title and debtor must cease all control of assets).

c) assignment is irrevocable. Assignment를 하고 나면 취소를 할 수 없게 된다.

10. 채무자보호를 위한 그외의 법

1) Homestead Exemption [입주주택 면제조항] **under Homestead Act**

Tax liens와 집에 설정된 **mortgage**에 의한 경우를 제외하고는 채무자의 집에 대해 채권자와 파산관재인이 채무자의 집을 팔아서 변제를 받을 수 없도록 하는 Homestead 법에서 나온 예외조항이다.

DM2

2) Fair Debt Recollection Act:

a) 채무자에게 부당한 방법으로 또는 권리를 남용하는 방법으로 부채상환을 독촉하지 못하도록 하는 법이다.

예를 들면 employer(사용자)의 동의 없이 채무자인 근로자를 불편한 시간에 만나거나, 불편한 장소에서 만나자고 하거나, 근무장소에서 만나 독촉하는 경우, 늦은 밤이나 이른 아침에 독촉하는 것 등이다.

b) 이 법은 연방법이며 연방거래위원회(fair trade commission)가 담당한다.

c) 채무자는 법위반을 이유로 채무감면을 주장할 수는 없다.

d) 채무자는 법위반을 이유로 채권자에게 민사상의 손해배상청구(civil damages)를 할 수 있다.

DM4

3) Truth in Lending Act [TILA]

이 법에 의해 채무자에게 대출을 하거나 소비자에게 신용판매를 하는 자는 채무자 또는 소비자에게 채무의 조건(이자율, 연체이자율) 등을 명확히 알려주어야 한다.

4) 기 타

이외에 소비자 대출에서 성, 인종, 결혼여부, 종교, 국적, 연령 등을 이유로 차별을 금지하는 equal credit opportunity act, 소비자의 신용에 관한 보고서의 정확성을 보장하기 위한 법인 Fair Credit Reporting Act가 있다.

B11. Nature of Suretyship and Guaranty

1) 보증(suretyship or guarantee)이란 채무자가 채권자에 대한 채무를 이행하지 않을 경우 제 3자인 보증인이 채무자의 채권을 이행하겠다고 약속하는 것이다.

2) 한국어로 '보증계약'이라고 동일하게 번역되지만 영어에는 suretyship과 guaranty contract의 두 가지 종류가 있고 다음과 같

은 차이점에 주의해야 한다.

	suretyship	**G**uarantee contract
Responsibility	**P**rimary The surety is a co-debtor	Secondary
Creditor's collection	Creditor Needs **NOattempt to** collect from **debtor**	Creditor may demand payment from debtor only after debtor defaulted
Notice requirement	Creditor needs **No Notice** of debtor's default to surety.	Notice is needed to the debtor
Defenses	채무자에게 먼저 상환을 청구하라는 항변을 할 수 없다	guaranty contract에서는 채무자에게 먼저 상환을 청구하라는 항변을 할 수 있다.
Examples	Those Assuming the mortgage, accommodation endorsement	Check endorsement

DM8,12

3) 보증계약은 보증인과 채권자 사이에 체결되는 계약이므로 계약의 구성요건(offer, acceptance, consideration, no defenses)을 충족해야 한다.

4) 또한 보증계약은 statute of frauds가 적용되는 계약이다.
➔ 즉 writing으로 반드시 이루어져야 한다. DM10

12. 보증계약과 구별되어야 할 계약

a) Third-Party beneficiary contract [3PBK]

제3자를 위한 계약은 promisor와 promisee사이의 계약으로 제3자인 beneficiary가 계약에서 수익을 얻는 것으로 제 3자는 계약의 당사자 (party to K)가 아니며 이러한 계약은 보증계약과는 다르다.

b) indemnity contract

자동차보험중 손해보험의 예처럼 만일 indemnitee가 장래에 채무를 지게 되거나 손해를 입게 되면 indemnitor가 indemnitee의 그 채무 또는 손해를 부담하겠다고 indemnitee에게 약속을 하는 계약이다. Indemnitor가 indemnitee의 채무 혹은 손해를 감수하는 이유는 indemnitee의 위험을 인수하였기 때문이다.

c) warranty

부동산, 상품, 권리 등을 대가를 받고 매각한 경우 매도인이 판매한 부동산, 상품, 권리 등에 하자가 있을 경우 이에 대한 책임을 부담하는 것을 의미하므로 보증계약과는 다른 것이다.

C13. Creditor's rights and remedies

1) 주채무자(principal debtor)에 대하여 채권자는 계약서상에 명시된 대금의 지불이나 의무이행을 요구할 수 있다(Creditor has right to receive payment or performance specified in contract against the principal debtor).

2) 보증인(**surety**)에 대하여 채무의 변제기간이 되면 채권자는 채무자에게 그 사실을 통보하지 않고, 직접 보증인(surety)에게 채무이행을 요구할 수 있다.

3) 보증인**(guarantor)**

채권자는 채무자에게 먼저 채무의 이행을 요구하여 채무자가 채무를 이행하지 않으면 그 사실(채무불이행 사실)을 즉시 보증인(guarantor)에게 통지한 후 보증인에게 채무이행을 요구할 수 있다.

4) 채권자가 담보권을 갖고 있는 경우(When creditor has security interest) 즉 채무에 대하여 보증인(surety)이 있고 채무자는 채무를 담보하기 위해 일정한 담보물을 제공하여 담보권이 설정된 경우.

5) 채권자가 담보권(security interest)을 갖고 있는 경우. 채무에 대하여 보증인(surety)이 있고, 동시에 그 채무에 대한 담보물(collateral)이 제공되어 있는 경우.

a) 채권자는 자신의 선택에 따라 보증인(surety)에게 이행을 요구하거나 담보권을 실행하여 변제를 받을 수 있다.

b) 그러나 보증인(surety)은 채권자에게 자신에게 지급을 요구하기 이전에 먼저 담보권을 실행하여 변제받으라는 요구를 할 수 없다.

c) 단, 담보물의 가격이 급락하거나 혹은 담보물을 통해 먼저 채무를 변제받지 않으면 보증인이 부당한 어려움을 겪게 된다는 사실을 입증하면 보증인은 채권자에게 먼저 담보물로부터 채무를 변제받으라고 요구할 수 있다.

D14. Surety's and Guarantor's Rights and Remedies (보증인의 권리)

1) Exoneration

a) 채무의 변제를 청구받은 보증인은 채권자가 즉시 변제요구를 하지 않는 한 주채무자에게 채권에 대한 의무를 다하도록 요구할 수 있다(require the debtor to pay obligation if debtor is able before surety has paid. But not if creditor demands performance from surety).

b) 또는 담보물의 가치가 급락하고 있으므로 채권자에게 우선 그 담보물을 처분하여 채무를 변제받으라고 요구할 수도 있다(Surety may request the creditor to resort first to collateral if surety can show collateral is seriously depreciating in value). 그러한 요구권리를 right of exoneration이라고 한다.

2) Reimbursement (구상권)

a) 보증인이 채권자에게 채무를 이행한 경우 보증인은 채무자에 대하여 구상권이 있다(Surety is entitled to resort to collateral as satisfaction of right of reimbursement).

b) 단, 채무자가 채권자에 대한 유효한 항변을 갖고 있다는 사실을 보증인에게 통보하였는데도 보증인이 채권자에게 변제한 경우 보증인은 구상권을 상실한다.

3) Subrogation (대위권)

a) 보증인이 채권자에게 채무를 이행한 경우, 보증인은 채권자가 채

무자에 대하여 가지고 있던 권리를 취득하게 된다 (Upon payment, surety obtains same rights against the principal debtor that creditor used to have).

b) 만일 그 뒤에 debtor가 bankrupt가 되면, surety는 bankruptcy proceedings에서 creditor의 권리를 부여받게 된다.

DM14

E15. surety's and guaranty's defenses

1) 보증계약은 보증인과 채권자간의 독립된 계약이므로 보증계약 자체에 대한 항변을 채권자에게 주장할 수 있으며 또한 채무자와 채권자간의 의무가 없다면 보증인도 채권자에 대한 이행의무가 없어진다.

2) 보증계약서상의 항변

a) fraud or duress 채권자가 보증인과 계약을 하면서 보증인에게 사기 또는 강박을 한 경우
b) suretyship contract itself is void due to illegality
c) failure of consideration for suretyship contract
d) suretyship agreement is not in writings as required under SOF
e) creditor fails to notify surety of any material facts within creditor's knowledge concerning debtor's ability to perform.

DM19

3) 채무자와 채권자 사이에 체결된 계약상의 항변

a) breach or failure of performance by creditors

b) impossibility or illegality of performance
c) creditor obtains debtor's promise by fraud, duress, or misrepresentation.
d) statute of limitation

4) 보증인의 personal defense

a) incapacity of surety[ex. Surety is a minor] 보증인의 무능력
b) 보증인의 채권자에 대한 채권과 보증채무를 서로 상계(surety may use any obligations owned by creditor to surety as a setoff against any payments owed to creditor)

DM15

5) Acts of creditor or debtor materially affecting surety's obligations ※※※※

a) **tender of performance**

채무자나 보증인이 이행을 했는데 채권자가 이를 거절할 경우 보증채무는 소멸한다(tender of performance by debtor or surety and refusal by creditor will discharge surety).

DM18

b) **Release of principal debtor** from liability by creditor **without consent** of surety will also discharge surety's liability

c) **Release of surety by creditor** 채권자가 보증인의 보증채무를 면제해준 경우.

DM7

d) **proper performance** by debtor or satisfaction fo creditor through collateral will discharge surety 채무자의 채무가 변제된 경우.

DM20

채무자와 채권자 사이의 계약서 내용이 변경된 경우(variance in terms and conditions of contract subsequent to surety's undertakings)

a) **Material Increase of Risk for Commercial Surety**

계약변경이 보증인의 위험을 현저하게 증가시킨 경우에만 보증채무가 면제되고 보증인의 위험이 일부 증가한 경우에는 증가된 위험에 대해서는 책임을 지지 않아도 된다.

b) **accommodation** (discharge of noncompensated surety)

보증인이 채무자와 친인척이나 친구간이어서 보증의 대가를 받지 않고 보증인이 된 경우에는 채무와 채권자 사이에 체결된 계약에 사소한 변경이 있어도 보증인은 보증채무에서 전부 면제된다.

DM7,16

Mneumonic : **MIR-A가 P-T를 하면 보증의무가 release된다**

16. No defensese for surety or guarantor

1) 주채무자의 personal defenses

a) 채무자의 사망(death of debtor)

b) 채무자의 무능력(incapacity)

c) 채무자의 지급불능(부도 insolvency or bankruptcy)

d) 채무자-채권자 간의 채무와 보증인의 보증간의 상계(set-off)

2) 보증인은 채권자가 주채무자에게 먼저 지급을 요구하지 않았다는 사실(creditor did not proceed against the principal debtor)이나 채무자의 채무불이행에 대해 채권자로부터 통지를 받지 못했다(creditor did not give notice to surety of debtor's default)는 사실을 항변할 수 없다

3) 채권자가 담보권을 실행하여 담보물의 매각대금으로부터 변제받지 않았다(creditor did not resort to collateral)는 사실 등을 항변할 수 없다.

DM10,17

F16. Cosureties [연대보증인]※※※※※※※

1) 2명 이상의 보증인이 동일한 채무의 전부 또는 일부에 대해 그 이행을 보증하는 것이다. (Cosureties exist when there is more than one surety for **same obligation** of principal debtor to same creditor.)

2) 연대보증인간 서로 몰라도 되며, 보증시기와 보증금액이 달라도 된다. 또한 굳이 같은 문서에 서명하지 않아도 된다.

3) **Jointly and severally liable to creditor** 채권자가 채무의 일부 변제를 받았더라도 전부가 변제될 때까지 보증인들의 책임은 소멸되지 않는다.

4) **right of contribution for cosureties**

a) 각 보증인의 부담비율(cosurety's pro rata share)에 따라 각자의 보증 한도까지는 책임을 져야 한다. DM21,27

b) **부담비율 계산공식**

dollar amount individual cosurety personally guaranteed total amount of risk assumed by all cosureties.

c) 각 보증인은 자신의 부담비율 이상으로 채권자에게 부담한 경우 다른 cosureties에게 그들이 부담하는 비율만큼을 구상받을 수 있

다. DM22,23

d) 채권자가 cosureties에 있어서 한 사람의 보증인의 채무를 면제해 주게 되면 다른 보증인의 채무도 감소하게 된다(**Discharge or release** of one cosurety by creditor results in a reduction of liability of remaining cosurety). DM24,25

e) 한 사람의 보증인이 사망, 파산 등으로 인하여 채무가 면제되었다고 해서 다른 보증인의 보증채무가 면제되는 것은 아니다. 그러나 이 경우 각 보증인의 부담비율은 사망하거나 파산으로 채무가 변제된 보증인을 제외한 나머지 보증인들에 대해서만 계산되어야 한다. DM26

G17. Surety Bonds

1) performance bonds

계약의 이행을 보증하는 증권인데 보증회사가 계약의 일방대상자로부터 보증료를 받고 발행해주는 것으로 이는 계약의 상대방 당사자에게 제출된다.

2) construction bonds 건설업자의 공사를 완성할 의무를 보증하는 증권이다.

3) fidelity bonds신원보증 증권➔ 예. 서울보증보험 상품

note

출제빈도 중간

A1. Characteristics

1) The Principal/Agent relationship requires

agency관계가 성립하기 위해서는 다음 다섯 가지 요소가 존재하는지 보아야 한다

Authority of the agent to bind the principal contractually with 3rd Parties

Benefit: agent is working for the benefit of principal

Agreement of the agent to act on behalf of principal (i.e. meeting of the minds and consent to act)

Control; Agent is subject to the control of principal

Fiduciary Relationship between the principal and the agent

Mneumonic: **A-B-A- ConFIR → agency relationship**

AM2

2) 대리인 관계의 예

a) Power of attorney (위임장)

principal in writing gives grants authority to grant 위임장에는 **principal**의 서명이 필요하다. 그러나 agent의 서명은 필요하지 않다.
AM1

b) Broker

특정상거래에서 매수인이나 매도인을 대리하는 특별대리인(special agent)으로 예를 들면 real estate broker.

c) Exclusive

계약기간 동안 특정한 거래에 대하여 배타적인 권리를 가진 agent를 의미한다(only agent the principal may deal with for a certain purpose during life of the contract).

즉 특정거래에 있어서 다른 사람은 대리권을 갖지 못한다.

(ex. Real estate broker who has sole right to sell property except for personal sale by principal)

2. 대리인 관계와 유사한 관계 (relationship resembling agency)

1) Agency coupled with interest(ACWI)

소유권자가 그 담보물을 매각할 수 있는 권한을 담보권자에게 수여한 경우 ACWI라 하는데 담보권자는 그 담보물을 매각한 후 매각대금을 받아 변제받을 수 있다(agent has an interest in subject matter through a security interest).

EX. *Mortgagee with right to sell property on default of mortgage*

2) ACWI is irrevocable.

ACWI는 취소를 시킬 수 없다.

EX. 담보권을 설정하면서 mortgagor가 채무불이행을 할 경우 담보물을 매각할 수 있는 권한을 mortgagee에게 주었다면, 이경우 mortgagor가 사망했더라도 ACWI는 종료되지 않는다.

	Agency	**ACWI**
Principal's power	**Principal**이 agent에게 대리권을 수여하여 특정한 법률행위를 하게 해도 **principal**이 직접 그 법률행위를 할 수 있다	Princiapl does not have the power to terminate ACWI. Principal이 법률행위를 할 권한을 포기하여 직접 법률행위를 할 수 없다.
Example	*Bouncer in a night club authorized by the nightclub owner (나이트클럽을 지키는 기도).*	*A(mortgagor)는 자신의 토지에 mortgage를 설정해 (mortgagee)에게 주었는데 부채상환이 어렵자, A가 B에게 자신의 토지를 매각하여 채무를 변제받으라고 한 경우*

B3. Methods of Creation of Authority

Mneumonic: **CA-NARRE**

Creation of **A**uthority is done by
Necessity by public policy
Appointment
Representation
Ratification and
By **Estoppel**

1) Necessity (필요성)

특정한 상황에서 대리관계가 존재한다고 보아야 할 공익상의 필요 (as a matter of **public policy**)가 있는데 이러한 상황에 의해 대리관계가 형성되는 것이다.

EX. In an emgergency to contract for medical aid.

2) Appointment (대리권의 수여)

Principal과 agent 사이의 의사표시에 의해 대리관계가 형성되는 것을 의미하는데 대리권에 대한 명시적인 언급이 있는 express appointment와 명시적인 언급이 없는 implied appointment가 있다.

Express appointment	Agreement between the principal and agent➔ express authority 탄생
Implied appointment	Reasonably implied authority that is present because of the way based on customs and industry practices ➔ implied authority 탄생 Ex. Frost's business manager has the authority to insure Frost's property against fire.

Agency contract이 1년 이내에 완성되지 못할 경우 SOF(1 year rule)이 적용된다.

AM11,12

3) Representation (대리권의 표시)

a) Principal이 제3자에게 대리관계에 대하여 표시를 함으로써 대리관계가 형성되는 것을 의미한다.

EX. *A가 C에게 B가 자신의 agent라고 말한 경우(A가 이러한 대리관계*

를 형성할 의사를 갖고 있는 상태에서 C에게 이런 표시를 했어야 한다)

b) principal이 대리관계를 형성할 의사를 갖고 있는 상태에서 제 3자에게 대리권의 표시(representation)를 하게 되면 actual authority (실질적 대리권)이 만들어지는데 이 경우 대리권의 표시 (representation)에 대한 제3자의 신뢰는 필요하지 않다(does not require reliance by 3P)

c) 만일 A가 B와 대리관계를 형성할 의향도 없이 이러한 표시를 C에게 했다면 apparent authority라고 한다

Actual authority	Express authority granted through words. It is a clear expression of authority to act on behalf of the principal. Does not need 3P's reliance
Apparent authority	2-Part Test: ① holding someone out as an agent and, ② 3P's reasonable Reliance [대리관계를 형성할 의도를 실제로는 갖고 있지 않지만 대리인인 것처럼 내세워서 제 3자가 믿게 되는 경우]

AM2,10

4) Ratification (追認) ※※※

a) 어떤 자가 대리권이 없이 법률행위(unauthorized act)를 하였는데 이를 principal이 사후에 인정함으로써 그 법률행위의 효과가 principal에 미치도록 하는 것을 의미한다.

b) 추인이 되려면 lawful and delegable, principal is legally competent, awareness, **entire ratification, not partial** 등이 필요하다.

c) undisclosed principal cannot ratify unauthorized acts of agent :

undisclosed principal 은 추인할 수 없다. 그러나 fully disclosed principal and particially disclosed principal can ratify.

AM13,14

5) By estoppel (禁反言의 원칙)

Principal이 묵인 또는 다른 방법으로 제3자가 대리관계가 존재한다고 믿게 한 경우 principal은 나중에 대리관계가 존재하지 않는다고 부인하지 못하게 됨으로써 대리관계가 형성된다(Principal is not allowed to deny agency relationship when s/he caused 3P to believe it exists and it is imposed by law not by agreement).

EX. *Desert Fox, who is not an agent of Little Prince, bargained for hungry Little Prince to buy foods for Little Prince while in Little Prince's presence. If Little Prince remains silent, he will not be able to deny the agency.*

C4. Apparent Authority (표현대리, 表見代理)

Agent가 principal을 대리하여 제3자와 법률행위를 하였는데, agent에게 그 법률행위를 대리할 수 있는 대리권이 존재하지 않는 경우, 제3자는 principal에게 그 법률행위의 책임을 물을 수 없다. 그런데 principal이 제3자로 하여금 agent가 대리권이 있다고 믿을 만한 원인을 제공해 제3자가 agent에게 대리권이 있다고 믿을 만한 합리적인 믿음과 신뢰(reasonable belief and reasonable reliance)가 있다면, 그 믿음과 신뢰는 보호되어야 한다. 이 경우, 제3자는 표현대리권(apparent authority)을 근거로 principal에게 법률행위의 책임을 물을 수 있다. Apparent authority에는 다음과 같은 것들이 있다.

Mneumonic: **APA TRAPS**
APA is **apparent authority**
T is **After Termination**
R is **Representation**
A: **apparent authority**
P is **position**
S is **secret Limitation**-

1) After Termination (대리관계의 종료 이후의 대리관계)

대리관계(agency)가 종료된 이후에도 제3자가 그 사실(즉 종료된 사실)을 모를 경우 이전의 agent와 법률행위를 할 수 있다. 즉, 대리관계가 종료된 이후 표현대리권이 생기는 경우는 대리관계가 principal이나 agent의 행위에 의하여 종료된 경우이다(Agent has apparent authority after termination of agency until those with whom the agent has dealt are given actual notice).

2) Representation (대리관계의 표시)

Principal이 대리관계를 형성할 의사를 갖고 있는 상태에서 제3자에게 대리관계에 대하여 표시하면 대리관계가 형성되는데 만약 principal이 대리관계를 형성할 의사를 갖고 있지 않은 상태에서 제3자에게 대리관계에 대하여 표시(representation)하였다면 actual authority는 만들어지지 않는다. 만일 이 경우 제3자가 principal의 대리관계의 표시를 믿고 신뢰하였다면 표현대리권이 생겨나게 된다(apparent authority exists only for those who know of principal's representations whether directly or indirectly).

3) Position (지위)

Agent가 principal과의 관계에서 특정한 지위를 갖고 있는 경우 제3

자가 그 지위로 인하여 대리권이 있다고 믿고 신뢰할 수 있으며 만약 agent에게 actual authority가 없다면 제3자는 자신의 신뢰를 근거로 agent의 apparent authority를 주장할 수 있다(An agent insofar as third persons are concerned can do what the predecessor did or what agents in similar positions in the general business world are deemed authorized to do for their principals).

EX. *Mr. Principal, owner of Best Buy Shop, appoints Mr. Baker to be agent manager of his(Principal's) shop, but tells him not to buy goods on his own. Mr. Baker has apparent authority to purchase as similar managers would.*

※ 특히 agent를 통하여 과거의 비즈니스관계(old business relationship) 로 인하여 principal이 혜택(benefits)을 입은 경우가 있을 때 이를 근거로 principal은 agency관계를 부인하지 못한다.

A1-7

4) Secret limitation

Principal과 agent간 대리권의 제한(limitation)이 비밀리에 설정되어 있다면 그 사실에 대해 제3자가 알지 못하는 한, principal은 이를 제3자에 대한 항변사유로 내세울 수 없다.

EX. *Principal, owner of the Best Buy Shop, authorizes Agent to go to San Francisco to buy a piece of property to open up another outlet of the Best Buy Shop. Principal tells Agent not to pay more than $1,000,000. Agent makes a contract with Thomas to buy some property for Principal, but he agrees to pay Thomas $1,000,100. Thomas was not aware of the limitation on the purchase price. Principal is bound to the contract with Thomas for the full price of $1,000,100.*

AM15

5. Estoppel

True authority는 아니지만 detrimental reliance가 있었을 경우 인정되는 금반언에 의한 authority로 때로는 apparent authority와 ratification과 구분이 어려울 경우도 있다.

D6. capacity to be agent or principal

<Principal>

1) principal이 되기 위해서는 대리인을 선임할 수 있는 법적인 행위능력을 갖고 있어야 한다(Principal must be able to give legal consent).

2) 미성년자의 경우 대리인을 선임할 수 있지만, 대리관계를 취소하는 것도 가능하다(Minors can appoint an agent, but minors may disaffirm the agency).

3) 법인격이 없는 단체(unincorporated association)는 legal entities가 되지 못하므로 대리인 선임자격이 없다.

<Agent>

1) agent가 되기 위해서는 단지 principal(본인)의 지시를 수행할 수 있을 정도의 정신적, 육체적 능력만 갖추면 된다.

2) legal entities는 물론이고 unincorporated associations도 가능하다.

3) 정신지체아(mental incompetent) 혹은 어린아이(an infant of tender years)는 agent가 될 수 없다.

자격요건	principal	agent
Infant	Principal이 되어 대리인 선임가능하며 대리인관계를 취소하는 것도 가능하다(Yes)	Agent가 될 수 없다(N0)
Unincorporated associations	Principal이 될 수 없다(No)	Agent가 될 수 있다(Yes).

E7. Obligations and Rights

<Principal's obligation to agents>

1) Compensation (보상)

Principal은 계약에 따른 보수를 지급해야 하며, reasonable amount for the agent's service를 지급해야 한다.

2) Indemnification (배상)

Principal의 합법적인 지시에 따라 업무를 수행한 경우, agent에게 발생한 liability and loss에 대해서는 배상해 주어야 한다.

3) Reimbursement (비용상환)

Agent가 업무수행을 하면서 지출한 합리적 비용을 상환해 주어야 한다.

<Agent's obligations to principal>

1) Duty of loyalty (충성의무)

대리인은 reasonable care and skill을 다해 principal의 합리적인 지시를 따라야 할 의무가 있다.

2) FBI (충실의무)

Agent는 principal에 대해 fiduciary duty를 갖고 있으며 principal의 best interest를 위해 행동하여야 한다.

3) Reporting duty (보고의무)

Principal이 원하는 정보를 보고할 의무를 갖는다.

4) Must stop acting as agent upon termination

해고당하는 즉시 agent로서 행동해서는 안된다.

5) Not to Mingle funds

agent는 이익을 포함하여 princpal에게 귀속된 것들을 모두 상환해야 하며 자신의 재산과 principal의 재산을 뒤섞지 말아야 한다.

6) Not to compete and not to act adversely

(경쟁금지 및 반이익적 행위금지)

Agent는 Principal과 경쟁해서도 안되고, principal의 이익에 반하는 행동을 해서도 안된다.

Mneumonic : **a loyal FBI agent must STRep, but no MC**

An **agent** has

Duty of **loyalty**

Fiduciary ducty for **the best interest** of the principal

Stop behaving as agent upon **termination**

Reporting duty

Not to **mingle** his funds with Principal's

Not to **compete** with Principal

AM17

<**Subagent** (복대리)>

1) 원칙적으로 agent는 subagent를 선임할 수 없고, principal만이 subagent를 선임할 수 있다.

2) 단, principal이 그 권한을 agent에게 수여했거나 agent가 복대리인을 선임하는 것이 불가피한 경우(i.e. 만일 선임하지 않으면 principal에게 손해가 발생하는 경우)에는 agent가 직접 subagent를 선임하는 것이 가능하다.

3) subagent는 principal과 agent 모두에게 fiduciary duty를 부담한다.

AM9

8. Principal's Liability to 3rd Parties (principal의 제3자에 대한 책임) ※※※※※※

1) **Agent**가 대리권한 혹은 표현대리권한을 갖고 principal을 대신하여 제3자와 계약을 체결한 경우 principal이 disclose되었는지 여부가 중요하다.

a) **disclosed principal**은 계약상의 책임을 져야 한다.
즉 일단 principal의 정체가 공개되면 책임이 있다.
AM20

b) **undisclosed or partially disclosed principal**은 책임을 져야 하는 것이 대원칙이나 다음의 경우에는 책임을 지지 않는다.

(1) 공개되지 않은 principal은 agent의 승인되지 않은 행위에 대하여 추인할 수 없다(Undisclosed principal cannot ratify unauthorized acts of the agent).
AM20

(2) 제3자가 principal의 정체를 알고 난 뒤에 agent에게만 책임을 지

라고 요구할 경우 [3P holds agent responsible(3P has a choice to hold principal or agent liable once the identity of principal becomes known)]. C24

(3) agent가 계약을 완전히 이행하고 난 뒤. AM18

(4) 계약서에 undisclosed principal은 분명하게 배제된다고 명시되었을 경우

c) agent가 제3자에게 negotiable instrument를 교부한 경우 principal이 fully disclosed된 경우에 한해서만 principal이 책임을진다(Only fully disclosed principal is liable on a negotiable instrument). AM22

2) agent가 principal을 대리하여 계약을 체결하였는데 **agent가 대리권(표현대리권)을 갖고 있지 못할 경우**

a) principal이 적법하게 계약을 추인(ratification)한 경우➔	principal은 계약상의 책임을 부담한다.
b) principal이 계약을 추인하지 않았다면➔	principal은 계약상의 책임을 부담하지 않는다.

AM7

9. Agent's Liabilities to 3P (제3자에 대한 agent의 책임)※※※

	Agent is liable on K		Agent is NOT liable on K
	Agent with authority	Agent without authority	
Principal disclosed	Generally no, but yes if 3P holds the Principal responsible	Generally no, but Only when ratified by principal	When principal is disclosed and when ratified of unauthorized acts by Principal
Principal undisclosed	Yes	No	When 3P decides to hold only partially disclosed or udisclosed principal accountable

AM19,21

F10. Termination of Principal-Agent Relationship※※※※

1) by **agreement** of parties

당사자간의 합의에 의하여 시간의 경과(예. 1년유효 대리인계약), 임무의 완성(예. 부동산 구매 대리인계약), 혹은 상호합의에 의하여 대리인 계약이 종료될 수 있다.

2) 일방적인 **termination**에 의해 종료될 수 있다.

기간이 정해져 있더라도 일방적인 종료가 가능하지만, 계약위반에 따른 책임을 져야 한다. AM16

3) 법률의 규정(by operation of **law**)에 의하여 계약이 종료될 수 있다.

a) agency contract의 목적이 불법이 된 경우(예. Agent에게 필요한 사업면허취득의 실패)

b) principal이나 agent가 bankruptcy, death, insanity 등의 사유가 발생했을 경우. AM7,23,24

4) 그러나 ACWI는 취소되지 않는다(irrevocable)

5) 일반적으로 principal-agent간의 행위에 의하여 대리관계가 종료된 경우에는 표현대리가 생겨나지만, 법률의 규정에 의하여 대리관계가 생겨난 경우에는 표현대리권이 생겨나지 않는다. 이경우, 표현대리권을 소멸시키기 위한 Notice조차 필요없게 된다. AM25

11. Liability of Principal for TORTS of Agent: (Master-Servant Rule) ※※※※※※

1) P will be liable for torts committed by Agent if a P/A relationship exists & the tort was committed by A within scope of that relation .

EX. *Bouncer and nightclub owner for the negligence behaviors*

2) master-servant rule은 employee에게는 적용되지만 independent contractor에게는 일반적으로 적용되지 않는다.

	Employee	Independent contractor
Principal/employer controls	Working methods And results	Results only
Remuneration	Time-based (weekly, monthly salary)	Results-based

AM3

3) 일반적으로 **independent contractor**의 행위에 대하여 employer에게는 책임을 물을 수 없지만 다음의 경우에는 employer에게도 책임이 있다.

a) Land occupier liable for injuries arising from independent contractors work on the land. ➔ 여기에서 contractor는 unforeseeability를 주장하면 책임에서 벗어날 수 있다.

b) Under the public policy of non-delegable duty: The principal is vicariously liable for the agent's N despite the principal's own exercise of due care.

EX. *Vehicle owner to keep it in safe working order; the duty of the business to keep its premises and instrumentalities safe for its customers; taxi company giving a repair service to other agents.*

c) Ultrahazardous activity(inherently dangerous activity)의 경우 설령 independent contractor가 한 일일지라도 owner에게 책임을 물을 수 있다.

AM4,5,6

note

note

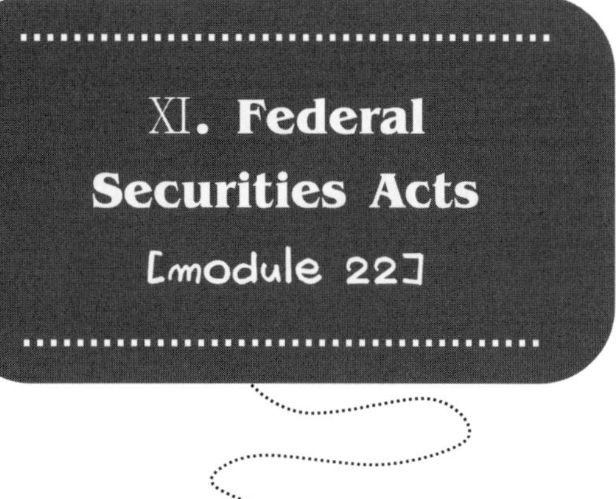

출제빈도 높음

모든 증권법의 주요목적은 시장에서 유가증권에 투자를 하는 모든 사람들에게 충분한 정보를 제공해주는 데 있다.

(sufficient information to the investing public who purchases securities in the market place) A3-8

A1. Securities Act of 1933 [1933 Act]

1) 목적

a) **to provide full and fair disclosure** of all material information relating to issuances of securities (증권 발행시장 관련하여 중요정보의 full &fair disclosure)

b) to prevent fraud or misrepresentation (사기행위방지)

2) 목적달성방법 **(accomplished by)**

a) 주간통상(interstate commerce)을 통해 증권을 매도하거나 매도청약을 할 경우 발행사는 등록신고서를 SEC에 등록하도록 하고 있

다(requiring **registration** statement to be filed with SEC before either a public sale or an offer to sell securities in interstate commerce).

b) 증권의 매도(sale)나 교부(delivery) 이전에 투자자에게 **prospectus** (사업계획서)를 교부하여야 한다.

c) 증권의 발행과 관련된 fraud(사기)나 misrepresentation(부실표시)를 막기 위하여 민·형사상의 책임(**civil and criminal liabilities**)을 규정한다.

3) 미국증권거래위원회 **(SEC)**

a) 연방의 증권관련법들을 규율하는 정부기관으로서 법률을 해석(interpret)하고 법위반사실을 조사(investigate)하며 관련규칙을 제정(rule-making function)한다.

b) 증인소환권한(can **subpoena** Witness), 법규위반 증권의 판매정지를 법원에 신청(can obtain **injunction** preventing sale of securities)할 수 있다.

c) 사법기관이 아니므로 직접적인 벌금(monetary penalities)을 부과하거나 법이나 규칙을 위반한 자를 기소할 수는 없다(**cannot prosecute** criminal acts).

d) SEC는 증권의 가치나 장점 등을 평가하는 것이 아니고 (does not evaluate the merits or values of securities) 완전하고 공정한 공시(**full and fair disclosure**)를 강제하여 일반인들이 증권의 가치를 평가할 수 있도록 한다.

2. definitions

1) security ※※※※※※

includes "any note," "stock," "investment contracts."

A security is the sale of any **interest in a scheme** where a person invests in a **common enterprise** and is led to expect **profits** from the **efforts of others(S=IPCE)**.

증권인지 여부를 판단하는 중요한 기준은 "공동의 사업에 타인(제3자)의 노력을 통하여 수익을 얻을 것을 기대하고 자금을 투자하는 것"이다.

a) Partnership은 "voluntary Association of 2 or more persons carrying on as co-owners of business for profit sharing"이므로 'general partnership'은 경영에 본인이 직접 참가하여 이익을 얻는다는 점에서 증권이 아니고, 'limited partnership interest'는 limited partner가 경영에 참가하지 않고 general partner의 노력을 통해서 이익을 얻는다는 점에서 증권이다.

b) **certificate of deposit**은 증권의 IPCE요건을 충족하지 못했으므로 증권이 아니다**(Marine Bank v. Weaver(1982))**.

c) 증권을 인수할 권리(rights and warrants to subscribe), 자기주식(treasury stock) 등도 주식이다. FM2,8

2) controlling person

소유관계(ownership), 계약, 지위 등에 의해 발행사(issuer, 즉 발행회사)의 경영과 정책에 직간접적으로 영향력을 행사할 수 있는 자를 의미하는데 51%의 지분을 가진 주주(51% stockholder), 10%의 지분을 갖고 있으며 경영에 주도적 역할을 하고 있는 이사 등을 들 수 있다.

3) Insider

a) 이사(director), 임직원(officer) 그리고 어떤 종류의 지분(equity securities)이든 10% 이상을 소유하고 있는 자(owner)에 해당한다.

※ 注意※
equity securities중에서 convertible bond는 전환된 보통주로 간주되어 지분증권인 반면에 무담보장기채권**(debentures)**은 지분증권이 아니다. 즉 debenture는 아무리 많이 갖고 있어도 insider로 간주되지도 못한다.
FM33

b) **Beneficial ownership rule**

법적인 소유자는 아니지만 편법으로 법망을 빠져나가는 것을 막기 위해 issuer의 equity securities의 10% 이상에 대한 beneficial owner(실질적 소유자)도 insider에 포함된다. 즉 beneficial ownership을 결정하기 위해서는 관련 equity stock 소유자의 배우자, 소유자의 미성년자녀, 소유자의 친인척 중 함께 거주하는 자, 수혜자를 소유자로 해서 신탁에 맡긴 소유자의 equity stock도 전체 지분에 포함된다.

4) Underwriter (인수회사)

발행사(issuer)로부터 증권을 구매하거나, 인수단(=underwriting group or syndicate)에 참여하여 증권을 인수받아 일반대중에게 distribution하고자 하는 회사.

5) sales of securities (유가증권의 매매)

기업구조조정, stock warrant(신주인수권), ESOP(employee stock ownership program)에 의하여 주식을 매입하는 경우에도 sales of securities에 해당하므로 모두 1933 Act에 의거하여 SEC등록대상이 된다.

※ 注意※
stock dividends(주식배당)나 stock splits(주식분할)은 sales of securities에 해당하지 않는다

6) **Registration Statement** (등록서류) ※※※※※

a) 주간통상의 방법으로 증권매매(to sell, offer to sell, or offer to purchase securities)를 하고자 할 경우 반드시 등록신고를 먼저 하여 신고한 날로부터 그 효과가 발효되는 20일 뒤부터 증권을 매매해야만 하며 그렇지 않을 경우 위법이다.

b) 그러나 등록신고 발효 이전이라도 발행사(issuer)는 등록신고를 하자마자

(1) oral offers [서면으로 offer하는 것은 불법]
(2) tombstone ads (발행계획에 관한 기본사항, 예. 발행가격, 사업설명서의 교부방법 등)
(3) 예비사업설명서(preliminary prospectus=red herring 붉은색잉크로 표시된 예비사업설명서) 등은 배포할 수 있다.

↓ ↓

Pre-filing period	**Filing +20days (waiting period)**	Post-effective period
No sales of securities 증권매매금지		매매허용
청약금지 (no offers)	**Oral offers, red herrings(preliminary prospectus), tombstone ads**	서면청약(written offer)도 허용, finalized prospectus 배포 & free writing 기간

<참고 김정섭: Business Law II. p.70 (unpublished) >

FM1,3

7) Prospectus (사업설명서)

a) 증권의 매매 및 매매권유 및 매매사실을 확인하는 관련된 모든 문서와 자료(Prospectus include any written communication which offers any security for sale or confirms the sale of any security➔ it can be radio or televised communication).

b) 증권의 인도와 동시에 또는 그 이전에 1933 Act의 section §10에 따른 모든 정보를 포함하는 사업설명서를 매수인에게 교부하여야 한다(Final prospectus delivered before final sale). 단, 요약본만 제공하는 것도 가능하다.

c) 1933 Act의 section §10에 따른 모든 정보를 포함하는 사업설명서를 교부한 이후에는 투자자에게 제공되는 서면을 사업설명서로 보지않게 된다(free writing period).

3. Registration Requirement under Section § 5 of 1933 Act

1) 증권이 각종형태의 주간통상[trade, commerce, mail, transportation, communication(including telephone calls)]을 통해서 청약, 매매, 또는 인도되는 경우에는 등록이 필요하다.

2) 주간통상이란 둘 이상의 주에서 거래, 운송, 지불, 또는 보고 등이 일어나는 것을 의미했는데, 이 개념이 폭넓게 확대되어 한 주에서 거래 등이 일어났지만 다른 주에도 영향을 미치는 것도 광범위하게 포함하게 되었다.

EX. *A NJ corporation issues securies to individuals living in*

Philadelphia, Pennsylvania. It is further shown that his issuance affects trade in New York. Interstate commerce is affected because although Philadelphia is of course in one state, the effects on at least one other state allow the Fed Securities Acts to take effect under our Constitution. Therefore registration of these securities is required under the Fed Law unless exemptions are found as discussed later.

3) 등록의무자 – 발행사(issuer)의 책임이다.

4) 등록신고서의 내용

a) 재무제표
b) 발행사, 임원현황, 대주주 현황, 사내변호사 등
c) 관련 위험
d) 발행사의 부동산 소유현황, 자본금 현황, 비즈니스 현황
e) 발행사의 경영정보에 관한 사항
f) 매도할 증권에 대한 설명과 증권발행을 통해 조달한 자금의 사용목적(용도)

5) 사업설명서(prospectus)는 등록신고서와 함께 제출해 등록해야 한다. FM4,5

6) SEC는 사업설명서와 등록신고서를 검토하며, 20일 동안의 대기기간(wating period)동안 시장상황의 변동에 따라 발행사는 등록신고서의 기재사항에 변경할 필요가 있는 경우 정정을 할 수 있다.

7) 발행사는 주식판매 여부에 상관없이 등기책임이 있다. A3-7

4. Shelf Registration Rule (일괄등록제도)

1) 일반적으로 등록신고서는 그 신고서에 발행될 것으로 기재된 증권에 대해서만 효력을 가지므로 등록절차를 거쳐 증권을 발행한 후 다시 증권을 발행하고 싶은 경우에는 다시 등록을 해야 한다. 그러나 일괄등록 신고서를 제출하여 당해 증권발행과 관련하여 근본적인 변경사항이 있다면 추가적으로 수정신고서만 제출하면 된다(Allows issuer to register security and take it off shelf at short notice for distribution at some later point). ➔발행사가 처음 발행사 그대로일 필요는 없다. FM9

2) **Registration Forms** (등록신고서 양식).

a) Form S-1: most used form, filing initial public offering
기본적인 양식으로 발행사와 발행증권에 관하여 가장 많은 정보를 기재하여야 한다.

b) Form S2 and Form S3
SEC에서 disclosure requirements에 따라 registration statement를 작성하는 데서 오는 부담을 줄여주기 위해 만들어낸 form으로서 S1보다 적은 양의 정보를 기재하면 충분하다. FM14

c) **Form SB-1 and SB-2 f**or small business issuers(generally under $25 mn) under the Regulation S-B. 소규모 기업이 증권 발행을 할 경우 특별규정(Regulation S-B)을 만들어 부담을 줄여준 것으로 Form SB-1과 Form SB-a가 있다.

5. Exempt Securities (면제대상 증권)※※※※※※

1933 Act에 따라 등록을 할 필요는 없지만 증권의 종류에 상관없이 1933 Act의 antifraud provision(사기방지조항)의 규제를 받는다. FM7,10

1) **Commercial Paper**(note, draft, check, etc) with a maturity of 9 months or less 만기가 **9**개월 이하의 약속어음, 환어음, 수표 등의 commercial paper로서 투자목적이 아니고 상업목적상 발행된 경우에 한한다(Must be for commercial purpose and not investment). FM6,7

2) **Insurance Contracts** (보험회사 계약증서)

ICC-regulated Common Carriers' securities.

주간통상위원회(Interstate Commerce Commission)의 규율을 받는 운송업체에서 발행한 증권.

3) Government Securities, Quasi-government securities, etc.
정부, 지방자치단체, 또는 유사 정부기관과 은행 등이 발행하거나 보증한 증권, 그러나 public utilities are exempt(수도, 전기 등의 공익사업을 하는 업체들의 증권은 exempt되지 않는다.

4) **Annuity** contracts(연금계약)

Regulation "A" (small issues) 소액규모로 발행하는 경우의 증권으로서 **12**개월동안 **5**백만불을 초과할 수 없다(issuance by issuers upt to $5,000,000 in 12 month period). Regulation A에 의한 약식등록절차는 일반적인 등록절차와 유사하지만 등록신고서와 사업설명서 대신에 약식인 모집신고서(offering circular)를 사용한다.

또한 일반적인 권유와 광고(general solicitation and offering 일반인에게

무작위로 편지를 발송하거나 인터넷에 발행관련 자료를 올리는 행위 등)을 허용하기 때문에 인터넷을 통한 증권발행에 많이 이용되고 있다.
FM18,25

5) **Religious**, Educational, or Charitable Organization's securities or receiver-issued certificate [종교, 교육, 자선단체가 발행하는 증권이나 receivership에서 법정관리인(receiver)이 발행하는 증서]

6) security **Exchanged** by issuer **Exclusively** with its **Existing shareholders** so long as **no commission** is paid and both sets of securities are issued by **the same issuer**.

기존주주에게만 배타적으로 주식을 교환해주는 경우로서 두 종류의 증권 모두가 동일발행사가 발행하고, 수수료나 다른 보상이 없어야 한다. 주식분할(stock split), 주식배당(stock dividend) 등이 이에 해당한다.
FM11

7) **Savings & Loans, banks**, farmers, Co-ops (은행, 협동조합, 농협 등이 발행하는 증권)

8) Certificates issued by **Trustee** in bankruptcy
파산관재인이 발행하는 증서 등이다

Mneumonic: **Exe secute-CIGAREST** Program under 1933A

6. Exempt Transactions or Offerings

1933 Act의 section 4에 따라 등록을 할 필요는 없지만 antifraud provision의 적용대상이 된다.

1) 발행사, underwriter, or dealer가 아니고, 다른 사람간에 이루어지는

거래(sale or offer to sell)로 주로 개인투자자(**individual investors**)가 증권을 매각하는 경우에 해당된다.

※注意※
단, controlling person은 발행사나 underwriter로 간주되므로 controlling person이 한 거래는 exemption되지 않는다.
FM19

2) transaction by an issuer **not involving any public offering** 사모발행(=private placement)

3) **Postregistration transaction by dealers**(i.e. dealer is not required to deliver prospectus) : 등록후 거래로 해당거래가 증권공모일로부터 40일이후에 이루어진 경우나, 발행사의 신규공모(IPO)인 경우에는 90일 이후에 해당한다.

4) **Broker's transation** executed upon customers' orders 고객의 주문에 따른 브로커의 거래

Mneumonic : **ET IP DB**

ET is **Executred transaction** which includes
I is **Individual investors**
P is **postregistration transaction** by dealers and private placement
Dis **regulation D**
B is **broker's transaction** executed upon customers' orders

3) Regulation D ※※※※※※※※※※※※※

소규모발행에 관한 Rule 504, Rule 505및 사모발행에 관한 Rule 506에 대한 규정을 담고 있다.

	Rule 504	**Rule 505**	Rule 506
유형	소규모 발행		사모발행**(private placement)**
Safe-harbor 여부	No		Yes
Amount limitation	$1M	**$5M**	**No**
Time limitation	12 MOs		NO
Purchaser limitation	No(any number of purchasers)	**35**	
투자적격	No		**Sophisticated investors**(투자자들의 전문지식이 있을 것)
정보제공	No	Yes	
모집방법	원칙적으로 general solicitations and offerings 금지, 예외허용	general solicitations and offerings 금지	
전매제한	원칙적으로 전매금지, 예외허용	2년간 전매금지 (The issuer must restrict the purchaser's right to resell the securities for 2 years in general)	
Notice of offerings to SEC	증권을 처음 판매한 날로부터 **15**일 이내에 **SEC**에 통지해야 한다(Must sendnotice of offering to SEC within 15 days of first sale of securities)		

<참고: 김정섭: business law subnote II, p.77(unpublished); 미국증권거래위원회(SEC)>

※注意※
Rule 505와 Rule 506은 유사하다.
다만 Rule 506에는 사모발행(private placement)에 따른
①발행금액의 제한이 없다(no limitation to $)는 점,
②safe-harbor(안전조항)이 들어있다는 점과
③accredited investors들이 전문지식이 있어야 한다는 요건 (sophisticated investors rule)이 들어 있다.
Accredited investors들이란 은행, 신용금고, 신용협동조합, 보험회사, 개인 혹은 공동으로 1백만불이상의 자산을 갖고 있고, 최근 2년동안 20만불 이상의 순익을 얻은 개인 등을 포함하는데 이에 대한 규정은 Rule 215에 포함되어 있다.

Mneumonic : Rule 505-**5M** & **35 investors** & **15 days' notice** to SEC

Rule 506 -SSS$
S is 506's six
S is safe-harbor clause for private placement
S is sophisticated investors
$ is no limitation to issuing $ and time

FM15,16,17,20,21,22,24,26, A1-9

7. Antifraud Provision

1) 구매자를 기망할 목적을 갖고(to defraud purchasers) 수단, 계획, 혹은 술책을 사용하는 것,

2) 중요한 사실(material facts)에 대해 허위로 표시(untrue statement)하거나 중요한 사실을 누락(omission of material facts)하여 금전적 이익을 얻는 것

3) 매수인에게 사기(fraud)나 기망(deceipt)이 되거나 될 수 있는 거래(transaction), 관행(practice), 혹은 사업(course of business)을 하는 것은 위법(unlawful)이다.

4) Protects the purchaser defrauded, not seller. Both the person defrauded and the SEC can challenge the fraud committed in the course of selling the securities.
사기를 당해 증권을 매입하게 된 purchaser를 보호하는 데 주목적이 있는 조항이며 사기를 당한 자와 SEC 모두 사기에 대한 손해배상 소송을 제기할 수 있다.

FM13

8. Civil Liability (private actions brought by purchasers of securities)

1) Purchaser may recover if s/he can establish that it was a purchase of security issued under a registration statement containing a misleading or omission of material fact.

증권의 매수인은 등록신고서에 중요한 사실을 부실기재했거나 누락했을 경우 손해배상을 받을 수 있다.

※注意※
여기서 중요한 사실이란 평균적으로 신중한 투자자(average prudent person)이 알아야만 하는 사실을 의미한다.

※注意※
회계사의 경우 section 11에 의거하여 등록신고서(registration statement)에 포함된 감사받은 재무제표(audited financial statements)에 중요사실에 대한 허위기재나 누락(<u>mis</u>statement or <u>o</u>mission <u>o</u>f <u>m</u>aterial <u>f</u>acts)이 있을 경우이다.

PRM45

2) 요건※※※※※※※※

원고는 피고의 고의성(scienter), 원고에 대한 의존(reliance), 인과관계(causation) 등을 입증할 필요가 없고 다만 중요사실의 부실기재 및 누락, 그리고 경제적 손실을 입은 사실만 증명하면 된다. 즉 입증책임이 원고에서 피고에게로 넘어가게 되는 것이다(the burden of proof is shifted to defendant).

a) **No reliance on registration statement** needed
b) **No intent** to deceive(scienter) to be proved
c) **No K privity** to be proved
d) Suffered economic loss
e) by **misstatement or omission** of **material facts**

PRM 40,42,45,46

3) Plaintiffs

Section 11에 의해 원고가 될 수 있는 사람은 등록신고서에 의해 발행된 증권을 매입한 사람이다.

4) Defendants 피고는 아래의 누구라도 될 수 있다.

(a) 발행사(the issuer)
(b) any directors, partners, or underwriters of issuer
(c) anyone who signed the registration statement
(d) experts of authorized statements(e.g. lawyers, accountants, engineers, appraisers)

5) Defendants' defenses

a) **Due diligence**(항변)

회계사가 합리적인 조사(reasonable investigation)를 한 후 중요사실에 대해 허위기재나 누락이 없다고 믿을만한 합리적 이유(**reasonably believe**)가 있었다면 회계사의 책임은 면제된다.

b) 원고가 증권을 매수할 때 그러한 부실기재 혹은 누락을 알고 있었다(**Plaintiff's knowledge** of misrepresentation or omission when purchasing securities)는 항변

c) **lack of causation** 항변: 즉 손실(loss)이 부실기재나 누락에 의한 것이 아니라 다른 요인들에 의한 것이라는 항변

d) **GAAS**에 따랐다는 항변

e) 원고가 등록신고서를 신뢰하지 않았다(Plaintiff did not rely on the information of the registration statement)라는 항변과 privity of contract이 없다는 항변은 할 수 없다.

> *Mneumonic:* **DR PK, LOC-the GAAS for Civil Defense under Section 11 of 1933 Act**

PRM44, 50,

6) Remedies

Montetary damages only 원고에게 가능한 구제수단은 금전적인 손해배상뿐이고, 계약최소나 원상회복은 불가능하다. PRM42

7) Statute of Limiation(SOL)

a) 사기(fraud)나 기망(deceipt), 혹은 증권법위반과 관련된 조작(manipulation involving contravention of securities laws)에 관해 알게 된 날로부터 2년(2 years after discovery) or

b) 사기, 기망, 조작과 관련된 증권법 위반일로부터 5년(five years after such violation) 중 빠른 쪽(Sarbanes Oxley Act)

9. Criminal Liability

1) 고의적으로**(intentionally or willfully)** 1933 Act와 SEC regulation을 위반하거나 고의적으로 부실기재나 누락을 한 자는 징역(imprisonment) 혹은 벌금(fines)의 형벌을 받을 수 있다.

2) Reckless Disregard of the Truth 도 고의로 간주될 수 있다.

3) 타인을 속이거나 기망하여 주간통상 혹은 우편을 이용하여 증권을 팔려고 한 자도 징역이나 벌금에 처한다.

4) 등록이 면제되는 증권의 경우나 등록이 면제되는 transaction의 경우에도 criminal liability는 적용될 수 있다.

B10. Securities Exchange Act of 1934(1934 Act)

1934 Act는 유통시장(trading of securities)을 규제하는 데 주로 적용된다.

1) The Purpose of 1934 Act (법의 목적)

a) To **prevent unfair use** of info by insiders
내부자의 불공정한 정보이용 방지

b) To **prevent fraud and deceptive** practices
사기와 기망적 관행 방지

c) to require **adequate info** be provided in various transactions
다양한 거래에 적절한 정보를 제공

d) to required **periodic disclosure** by issuer of equity securities. 주식발행사에게 정기적인 공시를 하도록 규정

e) To federally regulate **securities exchanges** and securites **traded** thereon. 증권거래소와 증권거래를 연방차원에서 규율

Mneumonic : **No Puffing, but 1934 AID SET**

FM28, C6

2) 1934 ACT에 따라 반드시 등록해야 하는 증권

a) 장외시장에서 거래되는 주식 중 회사의 자산(corporate assets)이 1천만불($10M) 이상이고 주주의 수가 **500명** 이상인 경우

b) **national securities exchanges**에서 거래되는 증권

c) securities exempted under 1933 Act may still be regulated under 1934 Act

FM30,36

3) 등록시 공개되어야 하는 정보[required disclosure in registration]

a) financial **structure** of the firm
b) nature of **business**
c) any bonus and profit-**sharing** provision
d) **names** of officers and directors

Mneumonic : **SBS Names disclosed in 1934**

FM31

4) Sanctions Available to SEC under the 1934 Act

SEC는 1934 Act에 따라 등록의 철회 (revocation) 및 정지(suspension), 등록거부(denial of registration), 영구적 혹은 일시적 정지(permanent or temporary suspension of trading), 불법취득 이익 반환(disgorgement of gains made illegally) 등의 조치를 취할 수 있다.

5) Exempt Securities under 1934 Act (등록이 면제되는 증권)

a) 연방정부(**US Govt**), 주(state), 시(municipal)나 정치관련단체가 발행하거나 보증하거나 이해관계를 가진 증권 C28
b) ICC의 규제를 받는 운송업자(**ICC**-regulated **common carriers**)가 발행하는 증권
c) 산업개발채권(**Industrial development bonds**)
d) 연방에 등록한 은행 및 금융기관(federally chartered bank or savings banks)이 발행한 증권
e) 비영리법인(**non-profit organization**)이 발행한 증권

Mneumonic : **-GIMC IDB-Nonprofit in 1934**
G is **government**
I is **ICC-regulated common carriers**
M is **municipal**
C is **common carriers**
ID is **industrial development bonds**
B is **banks or savings bank-bonds**
Nonprofit

6) Periodic Reporting (정기공시의무) ※※※※※※

1934 Act에 따라 등록을 한 회사는 SEC에 정기적으로 보고서를 제출해야 하는 의무가 있는데 이를 정기공시의무라고 한다. 이러한 의무에 의해 SEC에 제출해야 하는 보고양식은 다음과 같다.

a) **annual report (form 10K)**(연차보고서)
- 독립성을 갖춘 **공인회계사의 인증**을 받아야 한다. 즉 연차보고서에는 감사받은 재무제표가 포함되어야 한다.

b) **quarterly reports(form 10Q)** (분기보고서) : 공인회계사의 인증을 받을 필요가 없다.

c) **current reports(form 8K)** (수시보고서)
회사지배구조의 변경(corporate control), 자산재평가(asset revaluation), 발행증권수의 변화(change in amount of issued securities), 새로운 이사의 신규선임(changes in newl appointed officers) 등의 사항이 발생하면 이를 SEC에 보고해야 한다.

d) 1934 Act에 의한 등록여부에 상관없이 1933 Act에 의해 등록을 한 경우에는 위와 같은 정기보고 의무를 부담한다.

FM29, 32,41,42,

11. Proxy (위임장)

1) Proxy(위임장)란 주주들로부터 투표권(즉 의결권)을 이전받는 것 **(assignment of voting rights)**를 의미하는데 proxy를 받은 사람은 주주총회(주총)에서 이에 근거하여 의결권을 행사하게 된다.

2) 주간통상 혹은 우편으로 주주로부터 위임장을 이전받고자 할 경우 이를 "proxy solicitation(위임장 요청서)"이라고 하고, 1934 Act의 Proxy rule에 따라야 한다.

3) 위임장 청구를 하고자 할 경우 주주에게 주주총회 의안에 관한 중요한 사실(all material facts concerning matters to be voted

upon)을 기재한 위임장 설명서를 주주에게 위임장 요청서(proxy solicitation)와 함께 발송해야 한다.

4) 위임장에는 누구를 대신하여 위임장을 요청하는지(on whose behalf solicitation is made), 위임장을 통해 취하려고 하는 조치에 대해 분명하고 객관적으로 설명되어야(identify clearly and impartially each matter to be acted upon) 한다.

5) 위임장 요청서에는 다음과 같은 관련서류를 첨부할 수 있다.

a) 현 경영진에 반대하는 주주가 자신이 비용을 부담하여 위임장 요청과 관련한 서류를 주주들에게 발송해 달라고 요청한 경우 현 경영진은 그에 따라야 한다(Incumbent management is required to mail proxy materials of insurgents to SH if requested and expenses are paid by the insurgents).

b) 위임장 요청이 현 경영진을 위한 것(solicitation is on behalf of management)이거나 이사가 선임되는 정기주총에서의 위임장요청 (for annual meeting at which directors are to be selected)인 경우

6) 만일 중요사실에 대해 부실기재(misstatement)를 했거나 누락 (omission)이 있을 경우 proxy rules위반이 된다.

7) 위임장 설명(proxy statement), 위임장(proxy itself), 위임장 요청서 (proxy solicitation)의 관련서류는 모두 SEC에 제출해야 한다. FM37

8) **Remedies for Violation of Proxy Solicitation Rules**

위임장 권유에 있어 중요사실에 대한 부실기재나 누락이 있는 경우 주주는 a)손해배상청구(civil action by aggrieved SH for damages caused by material misinformation or omission of material facts), b) 위임장과 관련된

모든 서류배포를 중단하도록 법원명령(injunctions)을 청구하는 방법, c) 위임장규칙을 위반하여 결정된 주총결의사안을 무효로 하고 완전하고 공정하게 정보공개(full and fair disclosure)를 한 상태에서 새로 주주총회를 개최하도록 하는 판결을 법원에 청구할 수 있다.

12. Tender Offers (공개매수)

1) 공개매수자(buyer, bidder)가 대상회사(target company)의 주주들에게 일정기간 동안 미리 정해놓은 가격으로 주식을 팔도록 유인하는 것이다(Buyers' invitation to SH of targeted company to tender shares they own for sale for price specified over a period of time).

2) 법에 따라 공개매수자와 대상회사 모두 주주에게 공시를 해야 할 의무가 있다.

a) **대상회사는 공개매수가 시작일로부터 10일 이내에** 주주들에게 회사가 공개매수에 대해 찬성, 반대, 중립 또는 아직 아무런 의견을 갖고 있지 않은지에 대해 **공시해야 할 의무**가 있다(10-day Rule).

b) 공개매수자는 전체지분의 **5%를 초과하여 실질적으로 보유하는 자는 5%를 초과한 보유일로부터 10일내에** 매수자의 신원 및 실질적 보유주식의 수, 자금원, 매수목적, 향후계획등을 공시하여야 한다(5% Rule). FM38,39

13. Short-swing profits (단기매매차익 반환제도)

1) 회사 내부자가 6개월 이내에 자신이 속한 회사의 주식을 매매하여 이익을 얻은 경우, 그 이익을 회사에 반환하도록 하는 제도이다(Coproation is entitled to recover profits from any insider who sells

stocks of company within 6 months of its purchase).

2) 내부자의 고의성이나 과실에 상관없는 무과실책임 원칙이라는 점에서 주의해야 한다.

14. Insider Trading Requirements

증권등록(when securities are registered under 1934 Act), 등록신고서 효력 발생(when registration statement becomes effective under 1933 Act) 및 내부자가 된 후 10일 이내(within 10 days of person attaining insider status)에 SEC에 수량에 대한 보고서를 제출해야 한다. FM40

15. Antifraud Provision

1934 Act section 10(b)에는 증권의 매매와 관련하여 SEC가 제정한 규칙을 위반하여 시세조작과 기망적 수단을 사용하는 것은 위법이라고 되어 있는데 여기서 나온 규칙이 Rule 10(b)-5이다. 이 규칙은 예외가 없으며

a) 거래과정을 조작하거나 거래가 활발한 것처럼 보이도록 하는 것은 불법이며(unlawful to **manipulate process and create appearance** of active trading)
b) 모든 증권매매와 관련하여 증권의 등록여부에 관계없이 모두 적용된다(applies to all securities whether registered or not). FM34,35

1) SEC Rule 10(b)-5 ※※※※※※

It shall be unlawful for any person, directly or indirectly, by the use of any means or instrumentality of interstate commerce, or of the mails or of any facility of any national securities exchange,

주식매매와 관련하여 주간통상, 우편, 혹은 전국적 증권거래소라는 수단을 이용하여 직간접적으로

(a) To employ any device, scheme, or artifice to defraud,
사기를 위한 수단, 계략, 혹은 술책을 사용하거나

(b) To make any untrue statement of a material fact or to omit to state a material fact necessary in order to make the statements made, in the light of the circumstances under which they were made, not misleading,
중요사실에 관하여 허위표시를 하거나 또는 표시가 된 당시의 상황에 비추어 오해가 유발되지 않도록 하기 위하여 필요한 중요사실의 표시를 누락하거나

(c) To engage in any act, practice, or course of business which operates or would operate as a fraud or deceit upon any person, in connection with the purchase or sale of any security.
타인에게 사기나 기망이 되거나 될 수 있는 행위, 관행, 또는 거래방법에 관여하는 것은 위법이다.

16. Civil Liabilities under Rule 10(b)-5※※※※※

1) 성립요건(when the D does in connection with the purchase and sales of securies 증권매매와 관련하여 피고가 다음을 했을 경우).

a) intentionally(willfully, with scienter) 의도적으로 [고의를 갖고]

※注意 ※
"의도적" 이라 함은 오류가 있다는 것을 알면서도 강행했거나(knowledge of falsity), 조금만 주의했더라면 그런 무모한 실수를 하지 않았을 경우(reckless disregard for truth)를 의미하며 단순과실(negligence)만으로는 부족하다.

b) manipulates a security and/or makes **misleading**(false, untrue) statements **or omission** 잘못된 증언을 하거나, 누락을 하거나, 주식을 조작

c) about material **facts** 중대한 사실에 대하여

※注意※
어떤 사실이 중대한지 여부는 ordinary reasonable person standard가 적용된다.

d) P's **reliance** on the statements of D 원고는 피고의 말/표시/설명에 의존함

e) **damages** to the Plaintiff 원고에게 손해를 끼침

f) Causation 피고의 행위와 원고의 damages간에 인과관계가 있어야 한다.

Mneumonic: **IMF**에서 **DR MO Caused** securities civil liabilities under **Rule 10(b)5**

PRM48,49

2) Defendants can be
증권매매와 관련한 관계자(즉 seller and purchaser는 물론 주식관련 보고서 작성자 등) 모두가 피고가 될 수 있다. 피고가 여러 명일 경우 Joint and several liability를 물을 수 있다.

3) D's Defenses: The party sued can avoid liability if s/he can prove s/he

a) acted in good faith (acted in good faith라는 말은 고의성이 없다는 뜻이므로 willful 하거나 intentionally 잘못한 것이 아니라는 의미이다)

b) had no knowledge that the statements were materially misleading or false(내용이 잘못된 것인줄 몰랐다는 것도 고의성을 부정하는 defense로 사용된다)

c) 그외에 lack of causation, materiality 부인, reliance 부인 등의 방법이 있다.

4) Remedies for the P.
원고는 금전적인 손해배상(monetary damages)을 요구하거나 거래를 취소(rescind the transaction)하고 원상회복(restitution)을 받을 수 있다. 또한 SEC는 증권사기를 당한 피해자를 위하여 liability funds를 받아낼 수 있다. PRM51

17. Criminal Liability

1) Sarbanes Oxley Act(SOA,2002)의 도입으로 처벌이 강화되었다

a) Rule 10(b)-5위반자에 대해서도 개인의 경우 20년 imprisonment or $5백만까지 벌금
b) 1934 Act를 고의적으로 위반(willful violation)할 경우 25년 imprisonment or fines
c) 기업이나 partnership은 $25백만까지 벌금. FM27

18. Foreign Corrupt Practices Act (외국공무원 부패방지법)

1) 미국기업의 직원이 해외에서 그 나라 공무원, 정치단체, 정치가 등에게 의사결정상의 영향을 미치기 위해 무엇인가 가치있는 것

(something of value)을 줄 경우 불법이다 [가치의 기준은 굳이 거액일 필요도 없고 단 $1도 해당한다].

2) 미국의 증권거래소에 상장된 기업들(신한은행 등과 같은 외국기업 포함)은 내부통제제도를 유지하고 정확한 회계처리 및 독립적인 감사가 이루어지도록 하여야 한다.

C19. Sarbanes Oxley Act of 2002

1) 모든 상장기업에 적용되는 법이다.

2) 이 법의 Section 906에 따르면 CEO와 CFO는 회사의 재무상태에 관한 중요사항이 fairly present되었다고 certify하는 내용의 서명을 해야 한다.

3) 만일 회사의 임직원이 SEC 요건과 부합하지 않는다는 것을 알면서 certification에 서명을 할 경우 $1백만의 벌금 and/or 10년 형의 처벌을 받을 수 있다. 또한 willful violation of certificate requirements일 경우 $5백만의 벌금 and/or 20년 형의 처벌을 받을 수 있다.

4) 이 법의 Section 302에 따르면 임원은 효과적인 내부통제제도를 유지할 책임이 있으며 주요임원과 재무담당 임원은 내부통제제도의 중요한 취약점(all significant internal control deficiencies)을 감사 혹은 감사위원회(audit or audit committee)에 알려야 한다.

5) 상장기업 회계감시위원회(**public company accounting oversight board)**를 설립하여 상장기업의 감사를 하는 회계법인을 규율하도록 하였다(The SOA established the Public Company Accounting Oversight Board to regulate CPA firms that audit public companies).

※상장기업 회계감시위원회에서 상장기업들의 감사표준(auditing standards)을 제정한다. PRM67, A2-2

6) 상장기업을 감사하는 회계법인(issuer's public accounting firm)은 설령 감사위원회(audit committee)에서 동의를 하더라도 다음과 같은 제공해줄 수 있는 서비스와 제공해줄 수 없는 서비스가 있으므로 유의해야 한다.

수행할 수 없는 서비스	수행할 수 있는 서비스
Bookkeeping or other services relating to financial statements or accounting records	Tax services [감사위원회의 동의를 받아야 함] PRM66
Financial information system design and/or implementation	
Appraisal services	
Internal audit outsourcing services	
Management functions	
Actuarial services	
Investment or broker-dealer services	

7) 독립성확보를 위해 상장법인을 감사하는 모든 회계법인은 감사담당파트너를 5년마다 rotation 해야 한다(5 year Partner rotation rule➔5 PRO Rule). A3-2

F19. State "Blue-Sky" Laws

1) 증권발행과 유통에 관한 각 주의 증권관련법의 총칭으로 antifraud조항과 registration조항을 포함해야 한다.

2) 연방법률과 함께 추가적으로 준수하여야 한다.

3) 연방법에서는 등록 면제가 되는 경우에도 blue sky laws에서는 면제가 안될 수도 있다. FM12

G20. Antitrust Law

연방법으로서 상품과 서비스를 가장 경제적이고 효율적으로 분배 및 생산되도록 하여 자유롭고 경쟁적인 시장을 유지하고 공정성과 소비자들에게 보다 폭넓은 선택을 해주도록 하는 데 그 목적을 두고 있다(to promote the production and distribution of goods and services in the most economical and efficient manner by preserving free, competitive markets. Also promotes fairness and give consumer a wider choice).

1) 만일 불법적인 제한내용이 담긴 계약일 경우 계약이행을 강제할 수 없고(unenforceable), 민·형사상의 책임과 injunctions도 가할 수 있다.

a) vertical restraint 수직적 제한

경쟁관계에 있는 두 제조업자가 가격과 서비스 면에서 경쟁하는 소매업자와 제각기 관찰이 불가능한 관계를 맺는 것을 말한다.

예. 삼성전자와 E-mart간 TV를 놓고 제휴하는 경우

b) Horizontal Restraint(수평적 제한)

동일한 업종이나 동일한 수준의 배포단계에 있는 업체

예. HDTV생산분야의 삼성전자와 LG전자

2) 위와 같은 제한이 있게 될 경우 합리성 기준(standards of reasonableness)이 적용된다.

3) **exceptions to the antitrust laws** [반독과점법의 예외]

Labor Unions(노조)	단, nonlabor group과 결합하거나 불법행동을 할 경우에는 적용대상이 된다
Patents(특허권)	20-year monopoly허용, Design patent는 14년 허용
Copyrights(저작권)	Author's life+70년 Publisher의 경우 : 95 years after publication or 120 years after creation
Trademarks 상표권	Monopoly with an indefinite number of renewals if still used 계속사용하는 한 무한정으로 갱신가능
Insurance	주법으로 관할하며 주당국에서 관리감독
US exporters	외국사와 경쟁하는 경우 최대한 협력허용
States' Oil Quota	주간통상을 통해서 판매되는 석유에 대해서는 주별로 quota를 정할 수 있다

H 21. Sherman Act of 1890

1). 거래를 제한하는 모든 계약, 결합, 그리고 공모는 불법이다(제1조) Contracts, combinations, and conspiracies in restraint of trade are illegal.

a) 보통 rules of reason을 사용하여 unreasonable restraints만 불법으로 규정.

b) 불법인 경우 거래 제한 자체가 위반인 경우도 있음(per se violations).

(1) 경쟁사간의 가격담합(price fixing)은 그 자체만으로 위반임.

(2) joint boycott(group agreement not to deal with another)도 그 자체만으로 위반임.

(3) Horizontal territorial limitation은 그 자체만으로 위반.

EX. *Two companies agree not to sell at each other's section of the city.*

(4) verticial terriorital limitation(예. Franchise)는 지나칠 경우에만 위반임. FM43

2) **독점을 하거나 하려고 시도하는 것은 불법이다(formation of, or the attempt to form a monopoly, is illegal).**

a) percentage share of the market is a determining factor. 시장점유율이 기준이 된다

b) product market and geographic market을 참조로 하여 시장점유율을 판정한다.

I22. Clayton Act of 1914

서먼 법이 독점을 위법한 것으로 규정한 반면, 클레이턴 법은 독점형성을 촉진하거나 독점으로 인한 위법거래관행을 유형별로 다소 자세히 규정하고 있다. 즉 클레이턴 법은 일정한 유형의 지주회사와 중역 겸임 등을 금지하고 자연 경쟁자간의 차별적 운송계약과 시장의 경쟁력을 현저하게 약화시키거나 독점을 할 의도를 가진 시장분할과 합병도 마찬가지로 금지하고 있다.

a) prohibit a corporation from acquiring the stock of a competing company(merger) where the effect might substantially lessen competition or tend to create a monopoly.

b) **Fair company doctrine**

a merger that is anticompetitive may be allowed if the acquired company is failing and there is no other willing purchasers whose acquisition of the company would reduce competition less.

피인수회사가 경영상태가 부실해 망해가거나 경쟁을 약화시킬 만한 구매자가 없는 회사를 사들이는 경우 합병이 반경쟁적이 아니므로 허용한다.

c) **금지된 행위(prohibits)**

(1) **interlocking** directorates
(여러 회사 혹은 상호 경쟁회사의 이사진을 겸하는 것)

(2) **price discrimination** between different purchasers
(구매자별로 다른 가격적용)

(3) exclusive dealing agreements (독점취급 계약)

EX. Samsung requires Costco not to sell any other competitor manufacturers' TV sets such as LG's and Haier's.

(4) **tying** arrangements (끼워팔기)

Mneumonic : **iPet prohibited in Clayton**

K23. Robinson-Patman Act of 1936

1) amended the Clayton Act to expand control in the area of price discrimination and makes buyers liable for price discrimination.

2) Robinson-Patman Act prohibits discrimination as to price between

purchasers of goods of **like quality and grade**.
유사품질과 등급의 상품을 가격 이외의 다른 이유로 차별하는 것을 금지한다.

a) if its effect is to substantially lessen competition or tend to create a monopoly
b) if the effect is to injure or prevent competition by competitor's or customers' competitors.
c) includes price discrimination between different geographical areas unless based on cost.

FM44

note

XII. Professional Responsibilities

[module 21]

출제빈도 매우 높음

1. Code of Professional Conduct (전문가행동강령)

1) public practice(공적인 회계실무)를 하는 것과 상관없이 모든 AICPA에 적용된다.

2) 회계사들의 이해(understanding)와 자발적인 행동(voluntary actions)에 따라 본 행동강령을 준수하는 것을 원칙으로 하며 2차적으로

a) reinforcement by peers 동료들에 의한 보강

b) public opinion 여론

c) disciplinary proceedings 징계절차 등의 방법에 의존한다.

3) AICPA Code는 6개의 principle과 여러 개의 rules로 이루어져 있다.

2. Principle은 AICPA Code가 지향하는 목표이다.

6개의 principle의 구성은 다음과 같다.

public interest(공익)

responsibility(책임)
objectivity and independence(객관성과 독립성)
due care(합당한 주의)
scope and nature of services(서비스의 범위와 성격)
integrity(신의성실성)

Mneumonic: **Principles P R O Due S**
Integrity and independence

3. <Rules> Independence(Rule 101-1)

전문적인 서비스를 제공하는 기간 동안(during the period of professional engagement) 회계사나 회계사가 속한 법인(a covered member)은 다음의 경우에 독립성을 손상당하게 된다.

a) 의뢰인과 직접적인 혹은 중요한 간접적인(any **direct or material indirect**) 금전적인 이해관계(financial interest)를 갖는 경우

※注意※
금전적인 이해관계(financial interest)에 대해서 "직접적인(direct)" 경우에는 무조건 금지된다. 그리고 간접적인 경우에는 "중요한 간접적인(material indirect) 경우" 에만 적용된다[DOMI FIN rule]
SP2-8

b) 의뢰인과 직접 혹은 중요하게 간접적인 금전상의 이해관계를 갖는 신탁관리인(trustee)이나 상속유산의 유언집행인(executor of any estate)인 경우

c) 의뢰인 혹은 의뢰 회사의 임원과 공동으로 covered member가 joint closely held investment를 한 경우

※注意※
joint closely held investment : an investment in an entity or property by the member and the client(or the client's officers or directors, or any owner who has the ability to exercise significant influence over the client) that enables them to control.

d) **Interpretation 101-5**에서 허용되는 것을 제외하고 의뢰인, 의뢰회사의 임원, **지분증권을 10% 이상 소유한 주주 등과의 loan 거래관계**(loan financial transaction)를 갖는 경우로 여기서의 loan이란 보증관계도 포함된다(10% Loan Rule).

SP2-1

2) 계약기간 동안, 회계법인의 partner 혹은 전문적 종사자(professional employees), 그들의 가족, 또는 그들이 공동으로 의뢰회사의 지분증권의 **5% 이상**을 소유한 경우(5% Rule)

3) 재무제표상의 해당기간동안(during the period covered by financial statements) 혹은 계약기간동안(during the period of professional engagement) 혹은 회계법인의 파트너 또는 전문직 종사자가 아래와 같은 직위를 **동시에 겸직**해서 갖고 있을 경우.

a) 이사, officer, employee, 혹은 경영진과 동일한 지위
b) promoter, underwriter, voting trustee, etc.
c) trustee for any pension or profit-sharing trust of the client

4) 다음 예외사항을 제외하고는 covered member의 직계가족(immediate family=spouse, spouse equivalent, depedendent whether or not related)도 Rule 101이 적용된다.

a) covered member의 직계가족이 의뢰인의 종업원이지만 중요한 위

치(key position)에 있지 않은 경우(참고로 director는 **key position holder**로 간주되므로 주의할 것.)

PRM3

b) 의뢰인의 직계가족이 의뢰인의 종업원 자격으로서 어떤 plan의 혜택을 받고 있지만 그러한 혜택이 특별한 우대혜택이 아니고 일반적으로 모든 종업원들에게도 제공되는(**normally offered to all EEs**) 경우

3) 가까운 친척관계(close relatives)가 a) 의뢰인회사에서 중요한 위치에 종사(key position holder)하고 있을 경우, b) 의뢰인과 금전적인 이해관계(financial interest)가 걸려 있을 경우이면서 이에 대해 파트너나 개인이 알고 있는 경우 c) 가까운 친척이 의뢰인에게 상당한 영향(**significant** influence)을 행사할 수 있는 경우에는 독립성이 훼손된 것으로 간주된다.

> Mneumonic: **CR's KS-FIN Impaired**
> **CR is close relative**
> **K** is key post holders
> **S** is significant influence
> **FIN** is financial interest

※ CR(close relatives)=parent, sibling, or nondependent child. 가까운 친척이란 부모, 형제, 혹은 nondependent 자녀를 의미한다. A2-1

※ Covered Member의 정의

a) Attest engagement를 하는 개인회계사 혹은 회계법인의 파트너 및 직원,
b) GAAP의 적용대상이 되는 기업
c) attest client를 위해 10시간 이상 활동하는 회계법인의 파트너나 직원 (nonattest 담당 포함)

※ attest client의 tax service를 제공하는 경우에는 해당되지 않는다. 그 이유는 tax service는 회계사, 세무사(EA), 변호사가 모두 제공할 수 있으므로.

A1-3

4. Interpretation 101-2 (전임 파트너와 firm의 독립성, Former Partners and Firm Independence)

다음의 경우 전임파트너(주주 또는 유사한 위치에 있는 자)가 독립성을 훼손한다고 볼 수 없다.

1) 퇴직연금액이 확정된(retirement benefits fixed) 경우

2) **reasonable transition**[사임, 퇴임, 전직…] 이후 firm의 비즈니스 활동에 참여하지 않은 경우(not participate)

3) firm의 비즈니스 활동에 외관상 참여하고 있는 것처럼 보이지 않는 경우(do **not appear** to participate in the firm's business)

a) 예를 들어 이전 파트너의 이름이 회계법인 사무실 안내판에 기재되어 있다면 외관상 참여하고 있는 것임

b) 전임 파트너에게 사무실(비서, 전화 포함)을 제공하는 것은 이러한 외관을 갖고 있다고 보지 않는다.

5. Interpretation 101-3 (여타 서비스의 실행, performance of other services)※※

본 규정에 관한 해석은 SEC, GAO(General accounting office), Department of Labor에서 한다.

다음 사항은 독립성을 훼손하는 것으로 본다.

1) 경영진을 대신하여 이사회에 보고하는 것(**reporting** to the board

of directors on behalf of management)

2) 의뢰인의 주식매매이전, **escrow agent,** registrar, general counsel, or **its equivalent**가 되는 것

3) 회계법인 또는 그 구성원의 제안에 관한 실행여부를 결정하는 것(**determining** which recommendations of the member should be implemented)

4) 의뢰인의 자산보관(having **custody** of client assets)

5) 의뢰인을 위하여 거래행위를 대신해주는 행위
(**authorizing**, executing, or consummating **transaction**)

6) 의뢰인을 위하여 source documents를 제공해주는 행위(**preparing source documents**): 예를 들면 purchase orders, payroll time records, and customer orders 등을 대신해서 준비해주는 행위.

7) 의뢰인의 종업원이 수행하는 일상적인 활동을 감독하는 것(**supervising** client EEs in the performance of their normal recurring activities)

For example, see PRM9-b

Mneumonic: **RED CPAS' independence impaired**

6. Interpretation 101-4

회계법인의 CPA가 비영리단체의 이사(director)인 경우, 그 직위가 순수한 명예직(position purely honorary)이고, 외부자료에도 명예직임의 표시가 분명하게 되고(identified as honorary on external materials), 경영관련

안건의 의결에 참여하지 않으며(not vote or participate in management affairs), 이름만 사용하도록 제한된 경우(restricted to use of name) 독립성이 훼손된다고 보지 않는다. PRM3

7. Interpretation 101-5 (금융기관 대출, Loans from Financial Institutions)

앞에서 의뢰인의 주식 10% 이상을 가진 사람과 대출관계를 갖게 되면 독립성이 훼손된다(10% Loan rule)고 했는데 그 예외조항으로서 다음과 같은 것들이 있다.

1) grandfathered loans

(home mortgage, secured loan 등이 다음의 경우에 해당할 경우 회계사의 독립성을 훼손하지 않는다.)

a) 1992년 1월 1일 이전에 받아 당시 유효하던 기준에 따른 경우 (obtained prior to Jan 1, 1992 under **standards then** in effect)

b) 금융기관의 일반대출과정과 조건(**normal lending procedures, terms and requirements**)을 통해 이루어졌을 경우

c) covered member가 된 이후에도 금융기관의 각종 대출조건이 그대로 유지되는 경우(kept **current and not renegotiated afterwards**)

d) 독립성이 요구되지 않는 금융기관에서 대출을 받았고, 나중에 금융기관이 의뢰인이 된 경우(obtained from the financial institutions prior for which independence was not required, and the financial instutions **subsequently became an attest client**)

PRM16

e) 어떤 회계사가 <u>2002년 5월 31일 이후</u> 금융기관으로부터 대출을 받았는데 나중에 그 CPA가 그 금융기관에 대해 covered member

가 된 경우(obtained after May 31, 2002 from a financial institution client requiring independence by a borrower prior to his or her becoming a covered member with respect to that client)

2) Other Permitted Loans

a) 자동차 대출(autolease)과 자동차를 담보로 한 리스(leases collateralized loans)

PRM3

b) 보험증서를 담보로 중도해약 환불금에 대한 대출

(loans fully **collateralized by the cash surrender** value of **an insurance policy**)

c) 동일한 금융기관에 예치되어 있는 현금예금을 담보로 하는 대출 (**loans fully collateralized by cash deposits** at the same financial institutions)

d) **$5,000 이하의 신용카드 부채 및 현금서비스**(credit cards and cash advances on checking accounts of $5,000 or less) A2-3

8. Interpretation 101-6

1) 의뢰인과 회계사 간 **실제소송 혹은 소송협박**(actual or threatened litigation)은 독립성을 해친다.

a) 감사의 부족한 점을 주장하며 현 경영진이 이의를 제기(commenced by present management alleging audit deficiencies)하면 독립성이 훼손된다.

b) 현 경영진의 사기, 속임수에 대한 감사인의 제기(commenced by auditor against present management for fraud and deceipt)

c) 감사작업의 부족한 점을 제기하려는 현 경영진의 의도적 주장이 (감사인의 생각에) 이길 가능성이 크다고 생각한다면 독립성이 훼손된다(expressed intention by present management alleging deficiencies in audit work impairs if auditor believes strong possibility of claim).

d) 감사와 관련되지 않은 중요하지 않은 사항에 관련된 소송 및 소송가능성은 대체로 독립성을 훼손하지 않는다(예. Billing disputes, 청구서에 대한 다툼). PRM3

2) 의뢰인 회사의 주주(client security holder)나 다른 제3자 간의 소송은 중요의뢰인과 회계사간의 맞소송(material client-CPA cross-claim)으로 발전하지 않는 한 독립성을 훼손하지 않는다.

4) 만약 독립성이 훼손된 경우 CPA는 관계를 단절하거나 독립성이 없다는 이유로 의견을 거절해야 한다(If independence is impaired, CPA should **disassociate and/or disclaim an opinion for lack of independence**).

9. Interpretation 101-8

CPA가 의뢰인이 아닌 회사의 주식을 보유하고 있고, 그 회사가 CPA의 의뢰인회사의 주식을 보유하고 있다면 독립성이 훼손된다(A CPA's financial interests in nonclients may impair independence when those nonclients have financial interests in the CPA's clients).

10. Interpretation 101-12

1) 계약기간 동안(during the period of professional engagemet)이나 의견을 도출하려는 시점(while expressing an opinion) 회계사 혹은 회계법인이 의뢰인에게 중요한 협력관계(material cooperative arrangements➔ No

MCA rule)를 갖는 경우 독립성이 훼손된다.

2) 다음과 같이 MCA에 해당하는 경우와 해당하지 않는 경우를 구분해 볼 수 있다.

MCA에 해당하는 경우	MCA에 해당하지 않는 경우
Joint venture to develop or market a product or service	Separate agreements 기업참여자와 고객간의 별도계약
Arrangements to provide services or products to a **3P**	No responsibility to respective party 상호 무책임
Arrangements to **combine** one or more services or products of the firm with one or more services or products of the client and market the package with references to both parties (의뢰인의 제품 혹은 서비스와 회계법인이 제품 혹은 서비스를 결합하여 판매하기 위한 계약)	상호간의 대리인이 아니다(no agent to each other)
Distribution of other's products or services between clients and CPAs (회계법인과 의뢰인간 상호 제품 및 서비스를 distribution 하는 계약)	

11. Interpretation 101-14

If a firm is organizated in an alternative practice structure, in which the attest function is part of a larger organization that leases the staff to the attest function, the independence provision of the AICPA Code of Professional Conduct must be adhered to by all staff and management on attest engagement and every individual that is a direct superior of attest partners or managers.

(인력조달회사 등과 같이 회계법인의 형태를 띠지 않더라고 만일 attest function에 회계사 등과 같은 인력을 파견할 경우 attest engagement를 하는 동안 AICPA code of conduct를 준수하여야 한다.)

12. Interpretation 102. Integrity and Objectivity

1) 모든 전문직을 수행하는 회계사는

a) **객관성(objectivity)과 integrity**를 유지해야 하고,

b) 이해의 충돌을 피해야 하며(avoid **conflicts of interests**),

c) 고의로 사실과 다르게 표시해서는 안 된다(**not knowingly misrepresent** facts or subordinate judgment).

PRM4

13. Ruling 101, 102. Ethics Rulings: Impairing Cases

<회계사의 독립성을 훼손하는 케이스 (impairing case)>

1) 회계사가 의뢰인으로부터 단순한 선물 이상의 것(more than a token gift)을 받는 경우

PRM9

12) 회계사가 재단의 관리인(**trustee of foundation**)인 경우, 독립성이 훼손된다.

16) 회계사가 비영리사교단체(non-profit social club)의 이사회의 일원으로 활동하고, 그 이사회가 그 사교단체업무(affairs of the club)에 궁극적으로 책임을 지는 경우라면 독립성이 훼손된다.

31) 회계사가 의뢰인 회사직원용 조합아파트(a member's ownership of an apartment in a co-op apartment)를 소유하는 것은 독립성을 훼손시키는 것이다.

52) 보고서의 날짜전 1년 이상 동안 전문적인 서비스에 대한 보수가 청구되었든 안 되었든 여부에 상관없이 미지급상태인 경우 (when prior year fee for professional services, whether billed or not, remain **unpaid for more than one year** to the date of the report)

※注意※
1년(one year)이면 12개월(12 months)인데 주어진 지문에서는 흔히 19 months 등과 같이 나오므로 속임수에 주의할 것 A1-2
PRM58;SP2-5;

65) public practice를 하지 않는 변호사는 재무제표와 관련해서 그리고 자신의 고용주에 대한 관계에서 회계사라는 명칭을 사용할 수 있다. 또한 회사의 직책(employment title)과 함께 쓴다면 명함에 회계사라는 명칭을 사용할 수 있다. 회계사는 고용주로부터 독립을 암시해서는 안 된다. 이러한 독립이 된듯한 암시를 주면서 회계사라는 명칭을 사용함(transmittal)으로써 GAAP를 따르는 것이라고 언급해서는 안 된다. PRM8

68) 회계사는 blind trust의 경우라도 의뢰인에 대한 attestation에 대해 직접적으로 금전적 이해관계(direct financial interest)를 가져서는 안 된다. SP2-3

69) limited partnership의 상당한 지분(material interest)을 갖고 있는 회계사는 그 limited partnership의 general partner가 general partner로 있는 다른 limited partnership에 대해 독립성을 갖지 못한다. (A member with a material limited partnership interest is not independent

of other limited partnerships that have the same general partner).

72) 회계사(회계법인)가 의뢰인(의뢰회사)의 advisory board의 일원으로 활동하는 경우 (1) 진정으로 권고만의 기능을 행하거나, (2) 의사결정을 할 수 있는 실제 또는 외관상의 권한이 없거나, (3) 경영진과 이사회가 확실하게 구별되는 경우가 아니라면 독립성을 훼손한다.

79) 회계사가 의뢰인에 대한 투자를 하는 general partnership의 general partner인 경우 혹은 의뢰인에 대해 투자를 하는 limited partnership의 limited partner인 경우 독립성을 훼손하게 된다.

101) 회계사가 전문가 증인(**expert witness**)으로 선임된 경우, 회계사는 변호인이 아닌 단지 전문지식과 교육, 그리고 경험을 가진 자(as one having **specialized knowledge, training, and experience**)로서 전문가 증인이 된 것이므로 객관적인 입장(objective position)이어야 한다.

PRM 12(소송에서 재무제표가 쟁점이 되는 경우, 회계사를 전문가 증인으로 법원에서 선임할 수 있다)

<회계사의 독립성을 훼손하지 않는 케이스 (Not impairing case)>

2) 회계법인의 구성원이 고객(의뢰인)인 trade association에 참여할 경우 만일 그 구성원이 officer, director, 혹은 경영진(member of management)으로 참여하지 않는다면 회계사의 독립성이 훼손되지 않는다. SP2-7

8) 재무제표의 해석, 예측을 포함하여 광범위한 회계 및 컨설팅 서비스(advisory service 포함)는 독립성을 훼손하지 않는다. PRM9

17) country club(골프클럽)의 회원이 되기 위해서는 equity securities (주식)이나 debt securities(채권)을 구입해야 하는 경우 이러한 증권을 갖고 있는 것은 독립성을 훼손하지 않는다(골프클럽 회원권을 살 경우 흔히 의무적으로 구입해야 하는 채권이 있기 때문이다). SP2-2

35) 회계사가 의뢰인의 주식을 소유하는 뮤추얼 펀드에 투자(a member's ownership of shares in a mutual investment fund which owns stock in the CPA's clients)하는 것은 독립성을 훼손하지 않는다. 의뢰인이 아닌 regulated mutual fund를 소유하는 것은 당연히 회계사의 독립성을 훼손시키지 않는다. A3-1

※ indirect financial interest라고 할 수 있으나 material 하지 않으므로 독립성과는 무방하다(DOMI FIN Rule 참조)

70) 주나 연방이 보장하는 예금을 금융기관에 갖고 있는 것은 독립성을 훼손하지 않는다. 보장되지 않는 예금(uninsured deposits)은 그 금액이 immaterial하다면(즉 중요하지 않다면) 독립성이 훼손된다고 볼 수 없다.

72) 회계사가 의뢰인의 advisory board구성원으로서 순수하게 제안(충고)만 하는 경우에는 독립성이 훼손되지 않는다.

74) 회계사가 감사의견(audit opinion)이나 review report를 발행하기 위해서는 독립적이어야 하지만, compilation report를 발행하기 위해서는 꼭 독립적이어야 할 필요는 없다.

90) 회계사가 금융기관에 $5000을 초과하는 신용카드 채무(outstanding credit card loans to a financial institution of over $5000)가 있는 경우, 만약 회계사가 그 채무를 $5000 이하로 줄이게 되는 경우 독립성이 훼손되지 않는다.

91) 의뢰인과 회계사(혹은 회계법인) 사이에 리스가 존재할 경우, 그 리스가 operating lease라면 독립성이 훼손되지 않고, capital lease 라면 독립성이 훼손된다.

95) 의뢰인과 회계사 사이에 소송을 대신해서 ADR[alternative dispute resolution) 대안분쟁해결 혹은 갈등중재(ConflictMediation)라고도 하며 전통적인 소송 방식에 대한 대안으로, 중재자에 의해 강제성 없이 상호 관심사항을 기반으로 분쟁을 해결하려는 시도]을 통해 분쟁을 해결하려 하는 것은 독립성을 훼손하지 않는다.

14. Rule 201. General Standards for CPA(회계사의 일반기준) ※※※※※※※

회계사는 다음과 같은 기준을 따라야 한다.

1) **due professional <u>care</u>** : 회계사는 전문가로서 due care를 해야 한다.

※注意※
A CPA is strictly liable for failure to exercise due professional care. 회계사에게는 업무수행(예. Detect fraud, detect illegal acts 등)과 관련하여 일반적으로 엄격책임(strict liability)을 묻지 않고 다른 일반적인 회계사처럼 합리적인 수준으로 일을 했는지만 묻는다. 다만 due care를 하지 않은 것에 대해서는 strictly liable해진다. A1-4;A1-5

※ Auditor는 다른 전문가의 판단을 그대로 받아들일 게 아니라 이를 엄밀히 검토하여야 한다.

2) **Planning and Supervision:** 모든 engagements를 적절하게 계획하고 감독하여야 한다.

※ **회계사가** 의뢰인에게 전문적인 서비스를 제공하면서 회계사가 아닌 다른 분야의 전문가(예. 변호사, 의사, 컴퓨터전문가) 를 고용할 경우 이들을 감독하고 작업결과를 제대로 평가하여야 한다.

3) **Sufficient relevant data:** 결론과 제안에 대한 합리적인 기준을 마련하기 위하여 충분하고 관련된 자료를 수집하여야 한다.

4) **Professional competence:** 전문적 능력

> *Mneumonic:* **CPA** must **Care SPD(supervision,** planning, **and sufficient data**) with **CCC(Compentence, communication, client interest)**

5) 그리고 추가로 Rule202에 따라서

a) **Client interest**를 위하여 integrity and objectivity를 갖고 봉사(serve)하도록 하고,

b) 의뢰인과 공동의 이해를 갖도록 하고(**understanding with client**) 그것을 서면이나 구두(writing or oral)로 확실하게 해두어야(establish) 한다. PRM20

c) 또한 이를 고객이 알도록 반드시 대화(**communication with client**)를 해야 한다.

15. Rule 203. Accounting Principles

회계사는 GAAP와는 거리가 먼 데도(departure) 재무제표가 제대로 되어 있다고 해서는 안 된다. 특히 그러한 departure(회계원칙에서의 이탈)이 중대한 영향을 미칠 경우 보고서를 통해서 그러한 departure, effects, reasons를 설명해야만 한다.

16. Rule 203-1. Departures from Established Accounting Principles.

GAAP를 따를 경우 재무제표에 오해를 하게 되는 비정상적인 상황에서는 GAAP에서 이탈하는 것이 허용된다. 그러한 비정상적인 상황은 evolution of new form of business transaction(새로운 거래형태의 발전)이나 new legislation(새로운 입법) 등이다. PRM6

Evolution+ legislation ➔ departed from GAAP ok.

17. Rule 301. Confidential Client Information

회계사로 활동하는 사람은 의뢰인의 명확한 동의 없이(without specific consent of the client) 의뢰인에 관한 **비밀정보(any confidential client information)**를 공개해서는 안 된다.

단, 예외적으로

1) compliance with Rule 202 and 203 obligations
2) 법정수배나 소환장(enforceable subpoena and summons)
3) AICPA review of professional practice
4) 소송제기(initiating compliant) 또는 조사위원회나 징계위원회에서의 inquiry에 대한 응답의 경우(response to inquiry made by a recognized investigative or discplianary body) PRM5,17

18. Rule 302. Contingent Fees (성공보수)

1) 회계사는 다음과 같은 경우 성공보수를 받으면 안 된다.

a) 재무제표의 감사나 리뷰(**audits or reviews**)

b) 회계사가 독립적이고 제3자가 재무제표를 사용할 수 있을 가능성이 있는 경우의 **compilation**

c) examination of prospective financial statements (추정재무제표의 **examination**)

2) 의뢰인에게 성공보수를 받고 세금신고서(tax return)를 작성해주거나 수정해주거나 세금환급신청(claims for a tax refund)을 해서는 안 된다.

Mneumonic: **A/C/E- T → No Conti Fee**

3) financing한 금액의 많고 적음에 따라 성공보수를 받아서는 안 된다(fee for a review that varies depending on the amount of financing). A3-3

4) 법원이나 다른 공공기관이 확정한 보수(fees fixed by courts or other public authorities), 혹은 세금문제(tax matters)에 있어서 재판 혹은 정부의 결정결과(judicial proceedings or findings of governmental agency)에 따라 변동되는 보수를 받기로 하는 것은 성공보수로 보지 않고, 이러한 것들은 허용된다.

PRM5, A2-4

19. Rule 501. Acts Discreditable (불명예행위)

1) Interpretation 501-1. 의뢰인의 요구에도 불구하고 고객정보를 계속해서 보관(retention of client records)하면 discreditable.

a) 회계사는 회계사를 위하여 의뢰인이 작성해준 analyses와 schedules를 보관해도 무방하며 이걸 굳이 다시 고객에게 제공하지 않아도 된다.

b) 회계사는 받을 비용을 다 받을 때까지(until payment of fee is

received) 고객의 장부에 반영되지 않은 정보를 workpapers에 정리해 두어도 된다.

20. Rule 502. Advertising and other forms of solicitation

회계사의 misleading, deceptive or false한 광고는 금지되며[MIDOFA rule] 특히

1) 보통 사람이 오해(**mislead**)하거나 속아넘어가게(be deceived) 하면 안 되고.

2) 미래에 발생할 비용을 현실성 없게 추정하거나(**unrealistic** estimates of future fees)

3) 법원, 규제당국, 혹은 유사기관에 영향력을 행사할 수 있는 능력이 있다고 암시하거나(**implies ability** to influence a court, tribunal, regulatory agency, or similar body or official)

A3-4

4) 거짓 혹은 정당화될 수 없는 기대감(false or unjustified **expectations**)을 만들어내선 안 된다

Mneumonic: **MIDOFA Ad- M-I-UN- E-Ability**

A1-1

21. Rule 503. Referral Services

회계사 혹은 회계법인이 audit or reviews, compilations of financial statements, examination of prospective financial information을 하도록 추천을 해주거나 소개를 해준 경우 수수료나 소개비(No commissions or referral fees)를 받아서는 안 된다.

PRM13

22. Rule 505. Form of Practice and Names

1) 회계법인의 파트너와 주주 모두가 회계사가 아닌 한 AICPA라는 용어를 회사명으로 사용하지 못한다.
2) 회계법인이라는 용어를 사용하려면 supermajority인 66⅔의 회사 지분이 회계사 소유이어야 한다.

23. Responsibilities in consulting services ※※※※※※※※※※※※※

1) 1991년 1월에 발효된 Statements on standards for consulting services(SSCS)에 따라 컨설팅 서비스를 하여야 한다.
2) consulting services 컨설팅서비스란 의뢰인의 이용과 이익(for the use and benefits of the client)을 위한 것이 주목적이다.

※ audit은 여러 종류의 정보이용자(채권자, 주주, 정부 등)가 있는 것이 특징이다.

3) consulting service 업무의 성격은 오로지 의뢰인과 서비스제공자(회계사, the practitioner) 사이의 계약에 의해 결정된다.
4) consulting service를 제공하면서 객관성을 유지해야 하지만(objective), 독립성이 요구되지는 않는다. 다만, 해당고객에게 attest service[인증서비스]를 제공하는 경우(예. 감사업무)에는 독립성(independence)이 요구된다.

> Attest service-independence
> **C**onsulting service-**o**bjectivity [***aico rule***]

PRM20

5) 의뢰인에게 attest service를 하면서 동시에 consulting service를 제

공하는 경우 독립성이 필요하지만, 컨설팅 서비스를 제공했다고 해서 그 자체만으로 독립성이 훼손되지는 않는다. PRM20,22

6) consulting service의 유형(types)

a) consultations

의뢰인에 대한 기존의 개인적인 지식(based mostly on existing personal knowledge)에 의거하여 단기(short time frame)조언을 해주는 것

EX. *Reviewing and commenting on client's business plans*

b) advisory services 의뢰인의 의사결정을 돕기 위해 연구하여 결론을 도출해내고 제안하는 것(develop findings, conclusions, and recommendations)

EX. *Analysis of accounting system*

c) transaction services

의뢰인과 제3자간의 거래에 관련된 서비스를 제공하는 것

EX. *Insolvency services, valuation services, litigation services, etc.*

d) product services

제품과 관련된 부수적 서비스제공

EX. *제품판매후 training programs of computer software*

e) implementation services

계획을 이행에 옮기는 것

EX. *Installing computer syste, executing steps to improve productivity(i.e. 6 sigma, BSC)*

f) staff and other support services

EX. *Data processing facilities management, bankrupty trusteeship, controllership services*

PRM19,21

24. Responsibilities in Personal Financial Planning

개인재무계획수립(personal financial planning)이란 개인의 재무목표(personal financial goals)를 정의하고 성취하도록 하기 위하여 의뢰인에 대한 보조목적상 전략수립 및 제안(developing strategies and making recommendations)하는 것에 참가하는 것을 의미한다.

1) 개인재무계획 수립(personal financial planning)은 다음 활동을 포함한다(involve all of the followings).

a) **defining** engagement objectives
b) **planning** engagement objectives
c) **developing** basis for recommendation
d) **communicating recommendations** to client
e) **identifying tasks** for taking **action** on planning decisions.
PRM23

2) 기타 다음 활동을 포함할 수 있다(may involve).

a) **updating** recommendations and helping clients revise planning decisions
b) **assisting** client to take action on planning decisions
c) **monitoring** client's progress in achieving goals

25. Responsibilities in Business and Industry

1) operational auditing: 기업이나 정부의 효율성과 실적평가 감사

2) compliance auditing: 구체적인 법규준수여부 감사

3) Internal auditing 내부감사활동

a) do financial, operational, and compliance audits

b) in financial auditing, evaluate effectiveness of internal audit procedures[금융감사에서는 특히 내부감사절차의 효율성에 대한 평가]

c) compliance with Foreign corrupt practices act that requires companies to have effective internal control.

4) 내부감사인은 CPA가 될 필요는 없지만, certified internal auditor (공인내부감사인 CIA) 자격을 얻을 수 있다.

5) 내부감사인에 관한 Institute of Internal Auditing의 업무표준 (standards for professional practice of internal auditing)

a) **independence** 독립성[해당기관이 auditor가 판단을 내리는 데 대하여 제한을 가하지 말아야 한다(no restrictions on auditor's judgment)

(1) internal auditor의 독립성은 AICPA와는 다르며 현업으로부터의 독립성이 주로 강조된다. PRM24

(2) reporting is often directly to audit committee or BOD. 내부감사는 감사위원회나 이사회에 직접 보고하여야 한다.

b) professional proficiency

c) Scope of work

d) Performance of audit works 감사작업수행

e) Management of internal audit department 회사내 감사부서의 운영을 할 경우 외부감사인(AICPA)과의 업무를 조정하게 되는데, 내부감사(internal auditor)가 행한 감사로 외부감사인이 행해야 하는 감사를 대신할 수는 없다. PRM24

26. Responsibilities in Government Auditing

1) 정부기관은 물론이고 정부기관을 감사하는 기관(예. Government

Acounting Office)도 적용대상이 된다.

2) 감사인은 AICPA GAAS와 GAO에서 만든 GAS(Government auditing standard 정부감사기준)를 준수해야 한다.

3) GAS, 즉 정부감사기준은 "Yellow book standards"라고도 한다. 일부 예외를 제외하고는 GAAS와 대체로 동일하다.

4) 만일 AICPA회원이 GAS(정부감사기준)을 위반할 경우 동시에 AICPA Code of Professional Conduct를 위반하는 것임에 주의해야 한다. PRM25

5) GAS에서는 **continuing education**을 필요로 한다. PRM25

27. Single Audit Act

1) 여러 연방정부기관으로부터 자금지원을 받는(get funding from several federal government sources) 주정부 등은 이 법을 통해 여러 번 감사를 받는 것을 한 번으로 줄일 수 있도록 하는 법안이다.

2) 1회기년도(1 fiscal year) 중에 연방으로부터 $300,000 이상을 받는 state government나 local governments(ex. city government, county government)는 이 법을 통해 한 번의 감사를 받을 수 있다. PRM26

28. Statements on Responsibilities in Tax Practice

1) 세무와 관련하여 회계사는 의뢰인에게 **overpaying이나 underpaying을 하도록 해서는 안 되며 세법에 따른 legal minimum만 납부하도록** 해야 한다.

2) 회계사가 tax return(세금신고서)에 서명을 하는 경우, 거기에 기재된 정보가 자신이 아는 한 true, correct, and complete하다고 단언하는 것이다.
회계사가 모든 자료를 다 조사할 필요는 없지만, 만일 정확하지 않거나 불완전하거나 모순된 정보(incorrect, incomplete, or inconsistent information)가 있다고 믿을 만한 이유가 있는 경우에는 조사(investigation)를 하여야 한다.

3) 회계사사 tax return을 작성하는 것을 도와줄 때 의뢰인이 만일 의도적으로 수입원을 작게 얘기해주어 이를 합리적으로 믿고 tax return을 작성해 회계사가 서명을 했다면, 회계사는 willful understatement of tax liablity책임은 없다(A preparer is not required to audit or examine a client's books and records). A1-35

4) 회계사는 당연히 tax return작성을 도와준 의뢰인의 비밀을 보장해 주어야 할 책임이 있다. 외부인에게 유출하고자 할 경우 반드시 의뢰인의 명시적 동의를 얻어야 한다. 단, quality review를 위하여 동료나 같은 회계회사의 파트너에게 자료를 보여주는 경우(peer review)에는 의뢰인의 별도의 동의가 필요없다. A2-30

5) Reporting & Correction duty: 회계사가 의뢰인의 tax return을 도와주다가 만일 다른 회계사가 한 전 회계년도의 tax return이 잘못되었음을 발견했을 경우, 고객에게 오류가 있음을 통보(inform)하고, 적절한 corrective action조치를 취해야 한다. C39

Mneumonic: **"5 I"-rule**
Incorrect
Incomplete
Inconsistent
Information➔ **I**nvestigation

29. Disciplinary System of the Profession and State Regulatory Bodies

1) 징계위원회는 다음과 같은 조치를 CPA를 상대로 할 수 있다.

a) acquittal – 해당사항 없음

b) admonishment – 훈계

c) suspension up to 2 years – 2년 이하의 자격정지

d) expulsion from AICPA – 제명

※ AICPA에서 제명당했더라도 주에서 발행한 license가 있다면 계속 회계사로 활동할 수 있다. 그러나 state code를 위반했다면 certificate이 취소당하고, 회계사로 활동할 수 없게 된다.

2) Automatic expulsion from AICPA (자동제명사유)

a) 중죄가 선고된 회원(member convicted of **felony**)

b) 회원의 CPA certificate 이 주의 회계 위원회(**state board of accountancy**) 또는 권한 있는 다른 기관에 의해 취소(revoked)된 경우

c) 자신이나 의뢰인의 세금신고서를 허위작성 혹은 작성을 도와준 경우(preparing **fraudulent tax return**)

d) 고의로 세금신고서를 제출하지 않은 경우(intentional **failure to file tax return**)

Mneumonic: **intentionally FAST automatic expulsion**

Intentional Failure to submit tax return

Felony

other **authorized** bodies

state accountancy board

fraud in **tax return**

B30. 회계사의 민사상 법적책임

<table>
<tr><td></td><td colspan="2">분류</td><td>Privity</td><td>Intent/
negligence</td><td>Punitive
damages</td></tr>
<tr><td rowspan="3">CL
liabilities</td><td colspan="2">K Law</td><td>필요</td><td>불필요</td><td rowspan="2">불인정</td></tr>
<tr><td rowspan="2">torts</td><td>과실</td><td rowspan="2">불필요</td><td>과실</td></tr>
<tr><td>Int'l
torts</td><td>고의</td><td>인정</td></tr>
<tr><td rowspan="4">Statutory
liabilities</td><td>근거법</td><td colspan="4">주요내용</td></tr>
<tr><td>1993
Act</td><td colspan="4">(section 11)
원고: 증권매수인
주요요건: 등록신고서의 중요사실 부실기재</td></tr>
<tr><td>1994
Act</td><td colspan="4">(Rule 10(b)-5 under section 10)
원고: 증권의 매수인 혹은 매도인
요건: 피고의 증권매수 및 매도와 관련한 중요한 사실의 부실표시나 누락, 고의(scienter), 신뢰(reliance), 손해, 인과관계(causation)</td></tr>
<tr><td>PSLRA</td><td colspan="4">1933 Act와 1934 Act를 amend한 것으로 고의성이 없는 경우 공동피고간의 Joint and several liability를 인정하지 않고, 과실에 비례하여 책임을 묻도록 하였다.</td></tr>
</table>

<참고: 김정섭: business law subnote II, p.94(unpublished)>

31. 회계사의 의뢰인에 대한 CL상의 책임 중 계약위반에 따른 책임(Liability for BOK)

1) 회계사와 의뢰인간의 계약상의 의무에는

a) 아무런 과실 없이(**in nonnegligent manner**) 계약을 이행하겠다는 묵시적 의무(**implied duty**)

b) 계약조건을 제대로 이행하겠다는 명시적 의무(**express duty**)
c) 특히 명시적 의무는 업무의 성격과 범위, 절차 및 테스팅 방법에 대한 구체적인 내용을 담은 engagement letter를 통해 표시된다.
d) engagement letter에는 의뢰인의 서명이 있어야 하는 것이 원칙이나 감사계약은 구두로 해도(**oral contract for audit) engagement letter없이도 enforceable하다.**

2) 의뢰인과 회계사간 계약이 체결된 경우 양자 사이에 계약사의 견련관계(Privity of contract)가 생겨나게 된다.

3) 회계사는 재무제표의 보증인(insurer of financial statements)가 아니므로 사기로 인한 손실(loss from frauds)에 대해서는 책임을 지지 않는다.

4) "일반감사(**normal audit**)"는 부정을 발견하기 위한 것이 아니라 (**not to uncover frauds**), 재무제표에 대한 의견(**opinion on fairness of financial statements**)을 표명하기 위해 감사증거 (audit evidence)를 필요로 하는 것이다.

5) 다만, 일반감사나 검토(normal audit or reviews)를 통해 부정을 발견할 수 있거나, 감사계약서에 부정을 적발해주기로 약속한 경우, 감사보고서에 부정을 적발해내기로 약속하는 문구(wordings of audit report indicates greater responsibility)가 있는 경우에는 예외로 한다.

EX. *A CPA is hired by a client to perform an audit. During the audit, the CPA could not find any signs of embezzlement by one of the client's employees. The CPA is not liable for the losses unless a typical, reasonable audit should have resulted in the discovery of the embezzlement scheme.*

6) 조사의무(duty to investigate): 회계사는 재무제표를 감사하거나 검토하다가 부정에 대한 의심이 생기면(discovers of becomes aware of

suspicions) 조사할 의무가 생긴다.

7) 계약위반에 따른 배상(When BOK occurs)

중대한 계약위반(major BOK)➔	회계사는 보수를 받을 수 없고, 추가적인 계약위반에 대해 손해배상을 할 수도 있다.
경미한 계약위반(minor BOK)➔	회계사는 보상을 받을 수 있지만 minor breach에 대한 손해배상을 해야 한다.
징벌적 배상(Punitive damages)➔	인정되지 않는다.

32. 회계사의 과실에 따른 책임 (Liability to Clients based on Negligence)

※※※※※※※※

다음의 요건이 성립되어야만 회계사의 과실을 묻는 것이 가능하다.

Duty of care **주의의무** PRM28,30	적어도 평균수준의 회계사가 갖고 있는 정도의 판단력과 기술(**average accountant's judgment and skills**)을 갖고 이행할 의무로 이러한 의무는 주법과 연방법(state and federal **law**), customs of **profession**, **G**AAS, GAAP(persuasive, not conclusive), 법원의 결정(court **decisions**), 의뢰인과의 계약(**contract** with client)에서 나온 것이다.
Breach of that duty 의무위반 PRM27,31,32,38	회계사가 duty of care를 위반한 경우로 주의의무 위반은 감사는 물론 대차대조표 발행 이후의 사건들을 검토(reviews)하는 데도 발생할 수 있다.
Damages or Resulting Losses **손해** PRM47	회계사가 주의의무를 다했더라면 피할 수 있었던 실질적인 손해(actual losses)를 의미하며 징벌적 손해배상은 인정되지 않는다.
Causation **인과관계** PRM41	회계사의 과실(faults)과 원고가 입은 손해 사이에 인과관계가 있어야 한다. 여기에는 foreseeable and proximate cause가 있어야 한다.

1) 회계사는 의뢰인에게도 잘못이 있다는 항변을 제기할 수도 있다. 이것을 contributory negligence라고 하며 대부분의 주에서 인정된다.
2) 회계사가 단순한 판단실수(honest errors of judgment)로 책임을 지는 것이 아니라, 최소한 CL상의 과실(negligence)이 있어야 책임을 지는 것이다. A2-5

33. 회계사의 사기, 중과실, 또는 추정적 사기에 대한 책임(Liability to client for fraud, gross negligence, or constructive frauds)

1) 성립요건

Misrepresentation of material facts [중요사실에 대한 부실표기] **PRM29**	피고의 중요한 사실이나 회계사 의견의 부실표시
Intent to mislead-"scienter" **PRM33,34, 39**	기망의 의도 또는 고의성 또는 중과실(**reckless disregard for truth, reckless disregard of truth, gross negligence, constructive fraud**)라고도 한다
Reasonable reliance	상대방의 합리적인 신뢰
resulting Injuries or damages	손해발생
Causation	인과관계

a) 계약상의 견련관계(privity of contract)는 사기나, 중과실 등을 입증하는 데는 불필요하다.

b) 원고(의뢰인)에게도 과실이 있다는 **contributory negligence나 comparative negligence는 사용할 수 없다.**

c) 징벌적 손해배상(**punitive damages**)은 **실제손해액(actual damages)**

에 추가될 수 있다.

34. 제3자에 대한 CL상의 책임 (CL Liability to Nonclients)

1) 회계사－의뢰인 간에는 계약상의 견련관계(privity of contract)가 있지만, 제3자의 경우에는 3PB를 제외하고는 제3자와 회계사 간의 견련관계가 형성되지 않는다.

2) 제3자와 회계사 간에 계약상의 견련관계가 없으므로 회계사는 제3자에게 계약위반에 대한 책임을 부담하지 않는다.

3) 일반적인 회계사의 과실에 관한 사건에서는 제3자에 대하여 계약상의 견련관계(privity of contract)가 없다는 것이 좋은 방어논리가 될 수 있다.

PRM35

35. 회계사의 제3자에 대한 CL상의 과실책임 (CL Liability to Nonclients Based on Negligence)

1) Ultramares Corp v. Touche, Niven & Co(1931,이하 Ultramares Decision)

a) 회계사를 피고로 제3자가 제기한 과실소송(negligence action)에서 "견련관계로 인하여 회계사는 견련관계가 있는 의뢰인이나 3PB에게만 책임을 져야 한다(Accountant is held liable only to clients and 3rd Party beneficiaries since these were in privity of contract with the accountant)"라고 판시하였다.

b) 그러나 Ultramares Decision에서도 사기, 중과실, 혹은 constructive fraud에서는 lack of privity의 항변을 할 수 없다[현재 소수의견].

PRM35,36,37

2) 최근의 판결(다수의견, Rosenblum Inc. vs. Adler)

a) 제3자라 할지라도 회계사가 재무제표를 사용하는 사람이 누구인지를 알고 있고, 재무제표를 읽을 당사자라는 것을 안다면(forseen, known or intended class of financial statements), 회계사에게도 책임을 묻게 되었다.

EX. *For example, if the accounting firm knew that the financial statements were to be used to obtain a bank loan, then the accounting firm would be liable to any bank that they specifically knew would rely on the financial statements or could be expected to rely on the financial statements.*

C14

b) 예측된 당사자(forseen party)와 예측가능한 당사자(foreseeable party) 간의 차이

Foreseen party (예측된 당사자)	Foreseeable party (예측가능한 당사자)
특정한 거래를 하는 데 있어 재무제표에 의존할 사람(혹은 제한된 집단의 구성원)이라는 것을 회계사가 알고 있었던 경우, 즉 intended user class of financial statements	회계사가 자신이 작성한 재무제표를 사용할 사람이라는 것을 합리적으로 예측할 수 있는 경우(reasonably foreseeable third parties)로 투자자(investors), 공급업자(suppliers), 정부 등이 사용할 것이라고 예측되는 경우 그들이 해당된다. 아직 단순한 회계사의 negligence에 대해서는 foreseeable party에게 까지 회계사의 책임을 물을 수 없다는 것이 다수의견이다.

36. 회계사의 사기, 중과실, 혹은 추정적 사기에 대한 책임(Liability to nonclient for fraud, gross negligence, or constructive fraud)

1) 회계사의 제3자에 대한 사기, 중과실, 또는 추정적 사기의 책임

에서는 견련관계(privity of contract)가 필요없다. 즉, 회계사는 제3자가 예측된 당사자의 여부에 관계없이 책임부담
2) 제3자에게 과실이 있다는 항변도 사용할 수 없다.
3) 징벌적 손해배상은 실제손해액에 추가될 수 있다.
4) 만일 제3자(예를 들면 회계사가 작성한 재무제표를 읽어본 해당기업의 주식투자자)가 회계사를 상대로 소송을 제기했을 경우에는 회계사도 책임을 져야한다. 이 경우 회계사는 "the false statement is immaterial"라고 하거나 아니면 "the damages is not caused by the false statements"이라고 하여 인과관계를 부인하는 것이 최선의 방어가 된다.

A1-6

Accountant is liable for		Under the *Ultramares* Decision	Under the recent decisions 최근의 동향
Negligence to	Clients	Yes	Yes
	3PB	Yes	Yes
	Forseen Party	No	Yes
	Foreseeable party	No	Yes & No. No under majority rulings, but yes under minority rulings
Fraud, gross negligence, constructive negligence to	Client, 3PB, Foreseen party, Foreseeable party	Yes	Yes

<참고: 김정섭: business law subnote II, p.99(unpublished)>

37. Statutory Civil Liability to 3P under 1933 Act

1) 1933 Act에 따라 처음에 주식을 발행할 때(initial issuance of securities) SEC에 등록해야 한다.

2) 등록할 때 등록서류나 prospectus[사업설명서]에 untrue material fact를 포함하거나, material fact를 누락하면 불법이다.

3) 유가증권이 발행되고 난 뒤에 **SEC에 정기적으로 제출하는 보고서(periodic report)나 주주들에게 배포하는 연차보고서(annual report)는 1933 Act의 적용을 받지 않고, 유통시장에 관한 건이므로 1934 Act의 적용대상**이다.

4) Section 11 of 1933 Act에 따라 주식을 매입한 매수자가 중요사실에 대해 untrue statements or omission of material facts로 손해를 입었을 경우 소송제기 가능하다.

5) CPA는 due diligence, reasonable belief under
Reasonable investigation, plaintiff's knowledge of financial statements, lack of causation, GAAS 등의 항변이 가능하다.

> *Mneumonic:* **DR PK, LOC-the GAAS for Civil Defense under Section 11 of 1933 Act**

38. Statutory Civil Liability to 3P under 1934 Act

1) 적용대상
National securities exchange에 거래되는 주식들의 유통시장상의 문제에 대해 다룬다.

장외거래 종목이라도 자산기준 1000만 달러($10 million) 이상이고, 500명 이상의 주주가 있다면 적용대상이 된다.

2) Section 10 [including Rule 10(b)-5]

a) 속이기 위하여 여하한 장비를 사용하든지 간에(device, scheme, or artifice to defraud)

b) 중요사실에 대해 untrue statement or omission of material facts

c) 주식의 매매와 관련하여 fraud or deceit를 하는 행위를 할 경우 불법이다.

3) 1934 Act에 따르면 회계사의 경우 due diligence항변을 할 수 없다.

39. Auditor's defenses under 1933 Act and 1934 Act

Auditor's defenses	Under 1933 Act	Under 1934 Act
Due diligence	Yes	**No**
Due care	Yes	Yes
Immaterial misstatement	Yes	Yes
P's prior knowledge of financial statements	Yes	Yes
P did not rely on information	**No**	Yes
No causation	Yes	Yes

<참고: Debra R. Hopkins, Northern Illinois Univ>

40. Private Securities Litigation Reform Act (PSLRA) ※※※※※※※

1) 이 법은 1933 Act와 1934 Act의 내용을 수정한 것이다. PRM64

2) 감사인은 만일 감사를 하다가 불법사항이 발견되었을 경우 audit committee와 이사회에 알려야 할 의무가 있다. PRM60.61,62,63

3) 감사인이 이 법을 제대로 준수하지 못한 경우 민사소송 대상이 된다. 한편, 감사인이 법에 따라 SEC에 보고서를 제출했다면 민사소송으로부터 보호받을 수 있다.

4) 이 법은 **안전조항(safe harbor)**을 통해 민사소송에 대한 두려움 없이 투자자들에게 보다 의미 있는 정보를 제공할 수 있도록 예측보고서(forward-looking statements)를 작성할 수 있도록 하기 위한 것이다. 예측보고서는 회사의 소득, 수익, EPS추정 등과 회사제품 및 서비스에 대한 계획 등이 포함된다. 안전조항을 충족하기 위해서는 예측보고서에 주의문구(cautions), 가정(assumptions), 조건(conditions)을 명시해야 한다.

5) 하찮은 목적을 위해(for privolous purpose) **집단소송(class actions)을 하지 못하도록 하기 위해** 엄격한 소송요건을 규정하고 이러한 요건을 충족시키지 못하는 소송에 대해서는 원고로부터 소송비용 및 변호사비용(costs and attorneys' fees)을 보상하도록 함으로써 하찮은 목적의 집단소송을 방지할 수 있다.

6) 연대책임규정(joint and several liability) 변경

1933 Act와 1934 Act에서는 연대책임원칙(deep pocket rule)이었는데, PSLRA에서는 이를 변경하여 피고들이 자신들의 과실에 비례하여(proportionate to their degree of faults) 책임을 부담하도록 하였다.

7) 단, 공동피고들이 알면서 규율을 위반하였을 경우(knowingly commited violation) 여전히 연대책임원칙이다. PRM65

8) 1934 Act의 적용을 받는 회사의 재무제표를 감사한 감사인은 다

음과 같은 절차를 수립하여야 한다.

a) 중요한 불법행위의 발견(direct material illegal acts)

b) 특수관계인과 회사 사이의 중요거래의 인식(identify material related-party transactions)

c) 기업의 계속성 평가(evaluate ability of firm to continue as going concern) PRM61,62

41. 회계사의 형사상의 책임 (Criminal Liability)

1) **1933 Act와 1934 Act에서 형사상의 책임**을 져야 하는 경우는 고의성(willfully)이 있는 경우로서 다음과 같다.

a) 고의로 등록신고서에 중요사실을 누락(omission of material facts)

b) 고의로 등록신고서에 잘못된 정보(false information) 기재

c) 회계사가 경영진의 사기행위(fraudulent scheme)를 도운 경우

d) 회계사가 전기 재무제표의 잘못된 부분을 은닉한 경우(cover up prior year financial misstatements)

➔$10,000 이하의 벌금 and/or 5년 이하의 징역에 처해질 수 있다.

2) **Internal Revenue Code**의 형벌규정을 위반한 경우

고의적으로 false tax return을 작성(perjury)하거나, 탈세(tax evasion)를 고의적으로 도운 경우

3) **Rackeeter Influenced and Corrupt Organization(RICO)법 위반**

조직범죄, 범죄조직에 의한 강탈, 도박, 공갈, 증권사기, 우편을 이용한 사기 등의 반복적 범죄행위에 대하여 처벌대상이 된다.

➔ 이 같은 범죄에 연루된 회계사도 벌금이나 징역형의 대상이 된다.

➔ RICO법은 민사소송에도 적용되어 손해액의 세배까지 손해배상(treble damages)청구가 가능하다.

42. 기타 법적인 고려사항 (Legal Considerations)

1) 회계사의 감사조서(working papers)

의뢰인과 별도계약이 없는 한 기밀유지(preserve confidentiality)와 회계사가 실시한 감사의 범위와 특정 등을 입증하기 위한 법률상의 목적 및 기타 목적을 고려하여 회계사가 보관(retention by accountant)하는 것이 원칙이다.

2) 회계사의 기밀유지의무(duty to preserve confidentiality) ※※※※※※※

a) 의뢰인의 동의 없이(absent client consent) 감사조서에 담긴 내용을 타인에게 전달해서는 안 된다(**no transmission** of information in working papers). 감사조서를 작성한 동일회계법인의 partner는 별도의 고객의 허락이나 법원의 명령없이 감사조서를 볼 수 있다. PRM54

b) 의뢰인의 동의가 없는 한 회계영업(CPA practice)를 구매한 다른 회계사에게도 감사조서는 넘길 수 없다. PRM52

c) 단, 법원 또는 정부기관으로부터 감사조서에 대한 합법적 문서제출명령(**enforceable subpoena**)를 받은 경우에는 제출해야 한다.

d) 단, 문서제출명령이 지나치게 광범위하거나 지나치게 부담이 되면(too broad or unreasonably burdensome) 이를 다툴 수 있다.

PRM18, 52,53,54,55

3) 회계사와 의뢰인 간의 privileged communication

a) CL가 아닌 statute에 의거하여 생겨난다.

b) 연방법 아닌 소수의 주법에 의거하여 생겨났다. 일부 주에서만

인정된다. PRM57

c) 미연방대법원 탈세관련사건에서 회계사와 의뢰인 사이의 accountant-client privielge를 인정하지 않았다.

d) 회계사가 privileged commuication의 권리를 가진 변호사의 agent로서 행위를 할 경우에는 회계사에게도 privileged communication이 인정된다. A3-5,C19

4) Code of Professional Conduct

a) code of professional conduct에 의하면 회계사는 의뢰인에 관한 비공개자료(confidential client data)를 외부에 공개할 수 없다.

b) 공개가 허용되는 경우

(1)의뢰인이 동의한 경우(**consent**)

(2) **GAAS**를 따르기 위한 경우

(3) enforceable **subpoena**에 의한 경우

(4) **quality review** under AICPA authorization

(5) **AICPA**나 **state trial board**(주의 심리위원회)에서 공개를 요구한 경우

Mneumonic: **Disclose under STRG Consent**

S is Subpoena

T is state Trial board

R is quality Review

G is GAAS compliance

※注意※ 국세청(IRS)이라고 해서 함부로 고객정보를 회계사에게 요구할 수는 없다. 국세청 등과 같은 문구를 넣어 혼돈을 유도하므로 주의할 것!

PRM56,59

43. 의뢰인의 불법행위 (Clients' Illegal Acts)

1) **의뢰인의 불법행위는 공개하지 않는 것이 원칙**이다.

2) 회계사가 의뢰인의 불법행위를 외부에 공개할 의무가(duty to notify parties outside the client) 있는 경우

a) Form 8-K disclosure(감사인 변경)

b) 후임감사 변경(disclosure to successor auditor)

c) subpoena

d) disclosure to government funding agency under GAO standard

44. 회계사의 사용자책임 (employer's liability)

a) 회계사의 고용인(EE)가 제3자에게 torts를 가한 경우 그 행위가 업무상(in the course of business) 발생했다면 회계사는 제3자에 대하여 책임을 져야 한다.

b) 회계사의 고용인과 회계사는 제3자에 대하여 연대책임(joint & several liability)을 진다.

note

note

저자약력

미국 워싱턴대학교 로스쿨 졸업(JD & LL.M)
미국 뉴욕주 변호사
쌍용투자증권, 국제금융센터, 한국은행 등 근무
AIFA에 출강중(미국 비즈니스법)
연락처: lovedolee2@hanmail.net

주요저서

『영어증권금융용어사전』
『왜 힐러리는 르윈스키를 잡아넣지 못했을까? —가족, 성, 사랑으로 읽는 미국가족법과 문화』
『미국법정에 선 한국기업들』
『전자금융거래법』
『북한의 시장경제모델찾기—중국과 북한의 금융개혁』

미국 비즈니스법의 핵심

2007년 2월 25일 초판 인쇄
2007년 3월 2일 초판 발행
저 자 이 동 욱
발행인 이 방 원
발행처 세창출판사
서울 종로구 송월동 64-1 (2층)
전화 723-8660 팩스 720-4579
E-mail: sc1992@empal.com
homepage: www.sechangpub.co.kr
등 록 1990. 10. 8 제2-1068호(윤)

정가 18,000 원

ISBN 978-89-8411-165-3 93360